Bernd Wehren

Der Farbkasten-Führerschein

Für den richtigen Umgang mit dem Farbkasten und das Erlernen erster Maltechniken

1./2. Klasse

Mit einem Klassensatz farbiger Führerscheine

Kopiervorlagen mit Lösungen

BRIGG Pädagogik

Hinweis:
Die beiliegenden Führerscheine können Sie als Klassensatz unter der Bestell-Nr. 882 nachbestellen.

Gedruckt auf umweltbewusst gefertigtem, chlorfrei gebleichtem und alterungsbeständigem Papier.

1. Auflage 2012
Nach den seit 2006 amtlich gültigen Regelungen der deutschen Rechtschreibung

Illustrationen: Bettina Weyland

ISBN 978-3-87101-**881**-7 www.brigg-paedagogik.de

Inhaltsverzeichnis

Die unbunten Farben im Farbkasten

Misch- und Maltechniken

Spielideen

Der Farbkasten-Führerschein

Anhang

Einleitung

Innerhalb des Kunstunterrichts sollen die Grundschüler im 1. und 2. Schuljahr den Umgang mit Farbkasten, Wasserbecher und Pinsel sowie erste Maltechniken lernen. Sie sollen mithilfe des Farbkreises die Primärfarben (Grundfarben) Rot, Gelb, Blau und die Sekundärfarben (Mischfarben) Orange, Gelb und Violett kennenlernen. Die Kinder sollen Farben verändern und mischen lernen – sei es z. B. aus zwei Primärfarben eine neue Farbe, also Sekundärfarbe, zu mischen oder durch Beigabe von Wasser, anderen Farben oder Deckweiß eine Farbe heller oder dunkler zu machen.
Mithilfe der Kopiervorlagen des Farbkasten-Führerscheins trainieren Ihre Schüler Schritt für Schritt diese Fähig- und Fertigkeiten und werden am Ende nach bestandener Führerschein-Prüfung mit dem farbigen Farbkasten-Führerschein und einer Urkunde (S. 68) belohnt.

Vorbereitungen

1. Jeder Schüler sollte einen Wasserbecher, verschiedene Pinsel und einen hochwertigen Farbkasten mit 12, besser noch 24 Farben besitzen.
2. Jeder Schüler sollte eine DIN-A3-Kunstmappe besitzen, in der Bilder nach deren Präsentation gesammelt werden können.
3. Jeder Schüler erhält zu Beginn der Malübungen einen der farbigen Führerscheine, den er im Etui aufbewahrt. Wenn die Arbeitsblätter zu einer Farbe bearbeitet worden sind, darf jeder Schüler den entsprechenden Farbennamen ankreuzen, aber auch gelernte Misch- und Maltechniken in seinen Führerschein eintragen (Stichwort „Portfolio").
4. Kopieren Sie die Arbeitsblätter mit Bildmotiven zum Malen stets auf DIN A3, damit die Kinder genug Malfläche haben. Außerdem sollten Sie Zeitungspapier oder Malunterlagen aus Pappe im DIN-A2-Format (z.B. alte, kostenlose Werbeplakate aus Supermärkten), Wasserbecher, verschiedene Pinsel, weiße Temperafarbe und Farbkästen mit 24 Farben bereithalten.

Aufbau und Einsatz der Arbeitsblätter

Zu Beginn lernen die Kinder Farbkasten, Becher und Pinsel kennen (S. 8–11). Sie malen mit den drei Primärfarben „Rätsel-Bilder" genau und sauber aus und ordnen als Farb-Detektive unterschiedlichen Dingen die **Grundfarben** zu (S. 12–19).
Danach lernen die Kinder die **Mischfarben** Orange, Gelb, Violett kennen und mischen diese drei Mischfarben aus den Grundfarben (S. 20–27). Auch weitere Farben des Farbkastens und die unbunten Farben Schwarz und Weiß lernen die Kinder handlungsorientiert kennen (S. 28–39).
Auf Grundlage dieses Wissens und Könnens gestalten sie einen kleinen 6-teiligen **Farbkreis** mit Grund- und Mischfarben und später auch einen großen 12- bzw. 18-teiligen Farbkreis mit zusätzlichen Tertiärfarben (S. 40–43). Die Schüler malen Bilder kunterbunt sowie nach genauen Farbvorschriften an, nachdem sie verschiedene **Maltechniken** kennengelernt haben (S. 44–53).
Die Arbeitsblätter, die für die Prüfung nicht komplett bearbeitet werden müssen, können Sie im normalen Kunstunterricht, aber auch in der Stations-, Frei- und in der Wochenplanarbeit einsetzen. Die lustige Leitfigur „Fabian Farbkasten" begleitet die Schüler beim Malen mit dem Farbkasten. Wenn die Schüler ein Arbeitsblatt bearbeitet haben, dürfen sie „Fabian Farbkasten" anmalen.
Die „Kunterbunten Ausmalbilder" und „Malen nach Symbolen" bieten außerdem unterschiedliche Erzähl- und Schreibanlässe für einen **fächerübergreifenden Kunstunterricht**. Alle Bildmotive zum Ausmalen sind passend zu den jeweiligen Farben des Farbkastens gewählt.
Die zahlreichen **Spielideen** rund um Farben und Farbkasten sowie ein Farben-Suchsel sorgen darüber hinaus für einen spielerischen und spaßbetonten Unterricht (S. 54–63).

Generalprobe, Prüfung und Führerschein

Die Generalprobe (S. 64–65) beinhaltet bereits aus dem Übungsteil bekannte Aufgaben. In der späteren Führerschein-Prüfung (S. 66–67) sind diese dann lediglich anders angeordnet, sodass alle Schüler die Prüfung bestehen können. Sie können Ihren Schülern – oder die Schüler können sich gegenseitig – nach der Generalprobe Tipps aufschreiben.

Viel Spaß und Erfolg mit dem Farbkasten-Führerschein wünscht Ihnen und Ihren Schülern

Bernd Wehren

Kunst-Checkliste für Eltern

Ort, Datum: ______________________

Liebe Eltern der Klasse ________,

für den Kunstunterricht kaufen Sie für Ihr Kind bitte die angekreuzten Materialien:

- ☐ _______ Bleistift (e): ______________________
- ☐ Buntstifte: ______________________
- ☐ Wachsmalkreide: ______________________
- ☐ _____ Pinsel: ☐ _____ Haarpinsel: __________ ☐ _____ Borstenpinsel__________
- ☐ 12er-Farbkasten mit Deckweiß: ______________________
- ☐ 24er-Farbkasten mit Deckweiß: ______________________
- ☐ DIN-A3-Zeichenblock: ______________________
- ☐ DIN-A4-Malblock: ______________________
- ☐ _______ Becher/Glas: ______________________
- ☐ saugfähigen Stofflappen: ______________________
- ☐ Schwämmchen (z. B. halbierter Spülschwamm): ______________________
- ☐ Malkittel (z. B. großes altes Hemd oder T-Shirt): ______________________
- ☐ Klebe/Klebestift: ______________________
- ☐ Schere: ______________________
- ☐ Schuhkarton mit Namen zur Aufbewahrung der Materialien: ______________________
- ☐ Sonstiges: ______________________

Herzlichen Dank für Ihre Mithilfe!

Mit freundlichem Gruß

✂- -

Kunst-Checkliste für Lehrer

- ☐ loses Papier, Karton u. Ä. in weiß und verschiedenen Farben im DIN-A4- und A3-Format zum Bemalen
- ☐ Zeitungspapier oder/und Pappen (z. B. alte Werbeplakate aus Supermärkten) als Malunterlagen
- ☐ Flasche Temperafarbe Weiß (anstatt Deckweiß)
- ☐ Ersatz-Becher/Gläser und Ersatz-Schwämmchen
- ☐ Ersatz-Pinsel: Borstenpinsel Nr. 8, Nr. 12, Nr. 16 und Rundpinsel Nr. 8 und Nr. 12
- ☐ alte Zahnbürsten, Trinkhalme, saugfähige Stofflappen …
- ☐ Ideen-Karteikiste aufs Pult stellen: Bilder berühmter Maler, originelle Malideen, Maltipps …
- ☐ Arbeitsregeln festhalten: Wasser holen, Malen am Tisch …
- ☐ Kunstdienst einrichten: Tische mit Zeitungspapier/Pappe bedecken, Becher/Gläser hinstellen, Bilder verteilen …
- ☐ Präsentation fertiger Bilder an Tafel: mit Magneten befestigen und Nummern über Bilder mit Kreide schreiben
- ☐ Bewertung der Bilder mit der Klasse: Kriterien vorher besprechen und aufschreiben
- ☐ Platz zum Trocknen bereitstellen: Fensterbank, Regal …

Legende für die Farben im Farbkasten

Die drei Grundfarben (Primärfarben)

 = Herz = Rot

 = Sonne = Gelb

 = Wasser = Blau

Die drei Mischfarben (= Sekundärfarben)

 = Möhre = Orange

 = Pflaume = Violett

 = Blatt = Grün

Die unbunten Farben

 = Schornsteinfeger = Schwarz

 = Wolke = Weiß

 = Esel = Grau

Weitere Farben

 = Nuss = Braun

 = Gabel = Silber

 = Goldmünze = Gold

Der Farbkasten

1. Male die Kreise wie in deinem 12er-Farbkasten oder dem oberen Teil vom 24er-Farbkasten an – mit wenig Wasser, viel Farbe.
   Schreibe die Farbennamen darüber und darunter.

2. Male die Kreise wie im unteren Teil deines 24er-Farbkastens an – mit wenig Wasser, viel Farbe.
   Schreibe die Farbennamen darüber und darunter.

Fertig? Dann male Fabian Farbkasten an.

Pinsel und Becher

Kreuze an. Wie geht man mit Pinsel und Becher um?

a) Wie viel Wasser füllst du in den Becher?

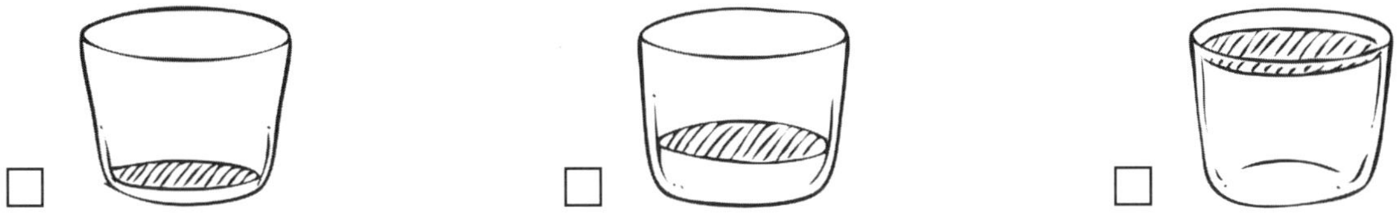

b) Wo streichst du den Pinsel ab?

c) Wo legst du den Pinsel ab, wenn du ihn nicht brauchst?

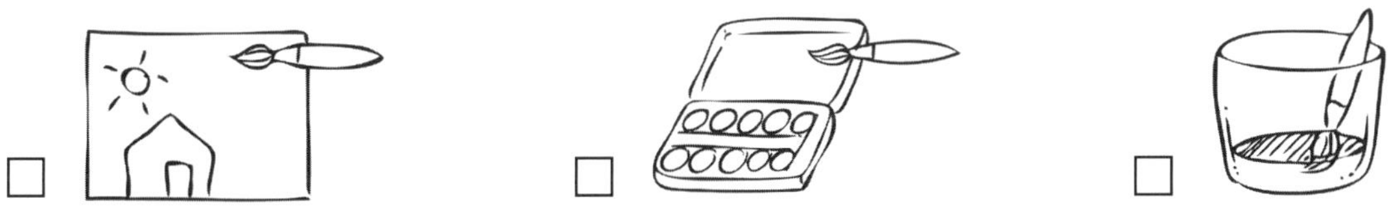

d) Wie machst du den Pinsel nach dem Malen sauber?

e) Wie solltest du Flächen an Rändern und in Ecken ausmalen?

f) Welchen Becher solltest du beim Malen benutzen?

g) Warum ist es sinnvoll, beim Malen zwei Wasserbecher zu benutzen? Erkläre.

Fertig? Dann male Fabian Farbkasten an.

Lernposter: Farbkasten

Der 12er- oder obere Teil vom 24er-Farbkasten: Male die Kreise an – mit wenig Wasser, viel Farbe.

Gelb	Orange	Zinnoberrot	Magentarot	Violett	Ultramarin-blau
Cyanblau	Blaugrün	Gelbgrün	Ockergelb	Gebranntes Siena	Schwarz

Der untere Teil des 24er-Farbkastens: Male die Kreise an – mit wenig Wasser, viel Farbe.

Zitron	Indischgelb	Kaminrot	Preußisch-blau	Kobaltblau	Grau oder Silber
Türkisblau	Französisch-grün	Olivgrün	Umbra	Fleischfarbe	Gelbgold oder Gold

Fertig? Dann male Fabian Farbkasten an.

Lernposter: Pinsel, Becher, Farbkreis

Benutze dünne, feine Pinsel zum farbigen Zeichnen und Ausmalen von Rändern.

Benutze dicke, breite Pinsel zum Ausmalen von Flächen.

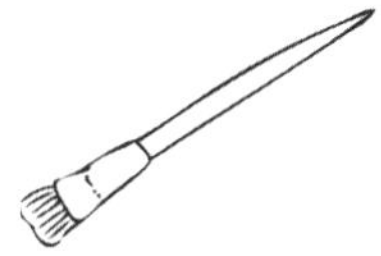

So gehst du mit Becher und Pinsel um:

1. Fülle den Becher mit etwas Wasser.

2. Streiche den Pinsel stets am Rand des Bechers ab.

3. Lege den Pinsel stets auf den Farbkastendeckel, wenn du ihn nicht brauchst.

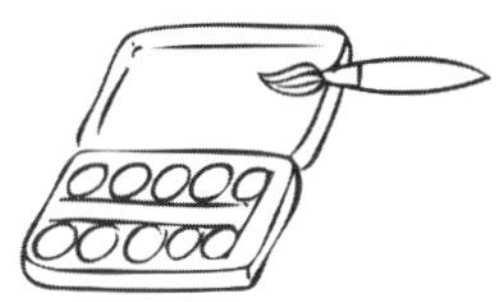

4. Wasche den Pinsel nach dem Malen unter laufendem Wasser aus.

Der große Farbkreis

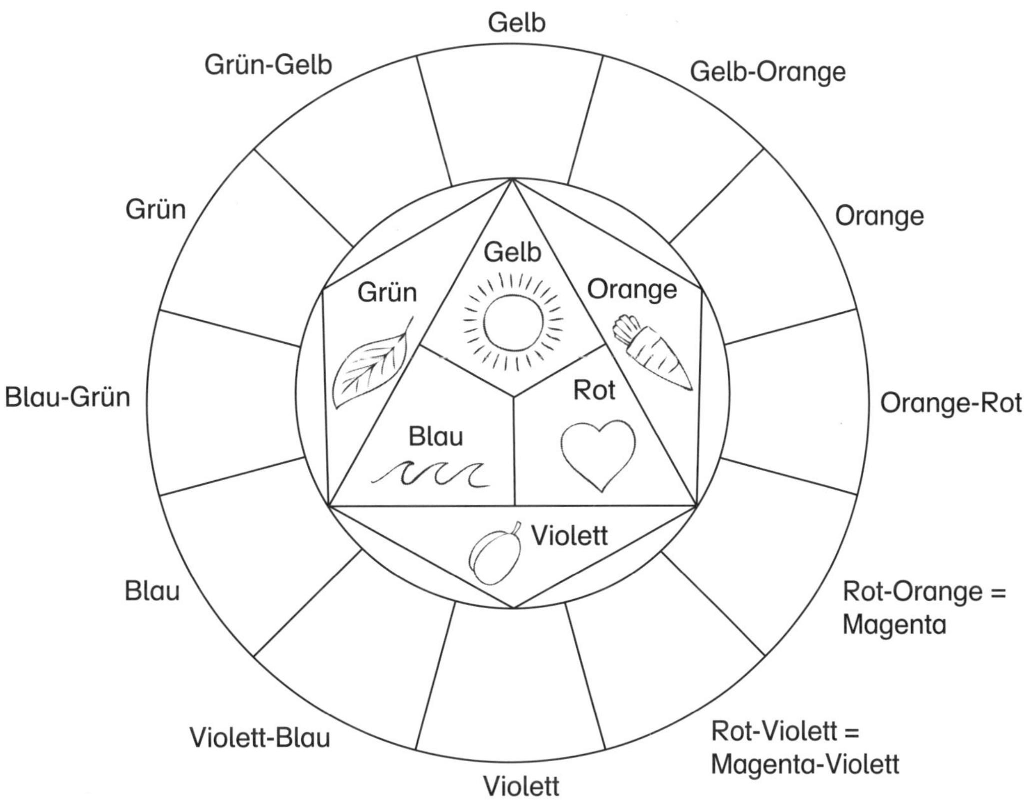

Merke dir:

1. Die Farben, die sich gegenüber liegen, nennt man Gegenfarben.
2. Die kalten Farben liegen auf der linken Seite des Farbkreises: Grün-Gelb bis Violett-Blau.
3. Die warmen Farben liegen auf der rechten Seite des Farbkreises: Gelb-Orange bis Rot-Violett.
4. Helle Farben scheinen näher zu sein, dunkle Farben weiter weg.
5. Farben leuchten am kräftigsten vor schwarzem Hintergrund und verblassen vor hellem Hintergrund.

Fertig? Dann male Fabian Farbkasten an.

Die drei Grundfarben (= Primärfarben) im Farbkasten

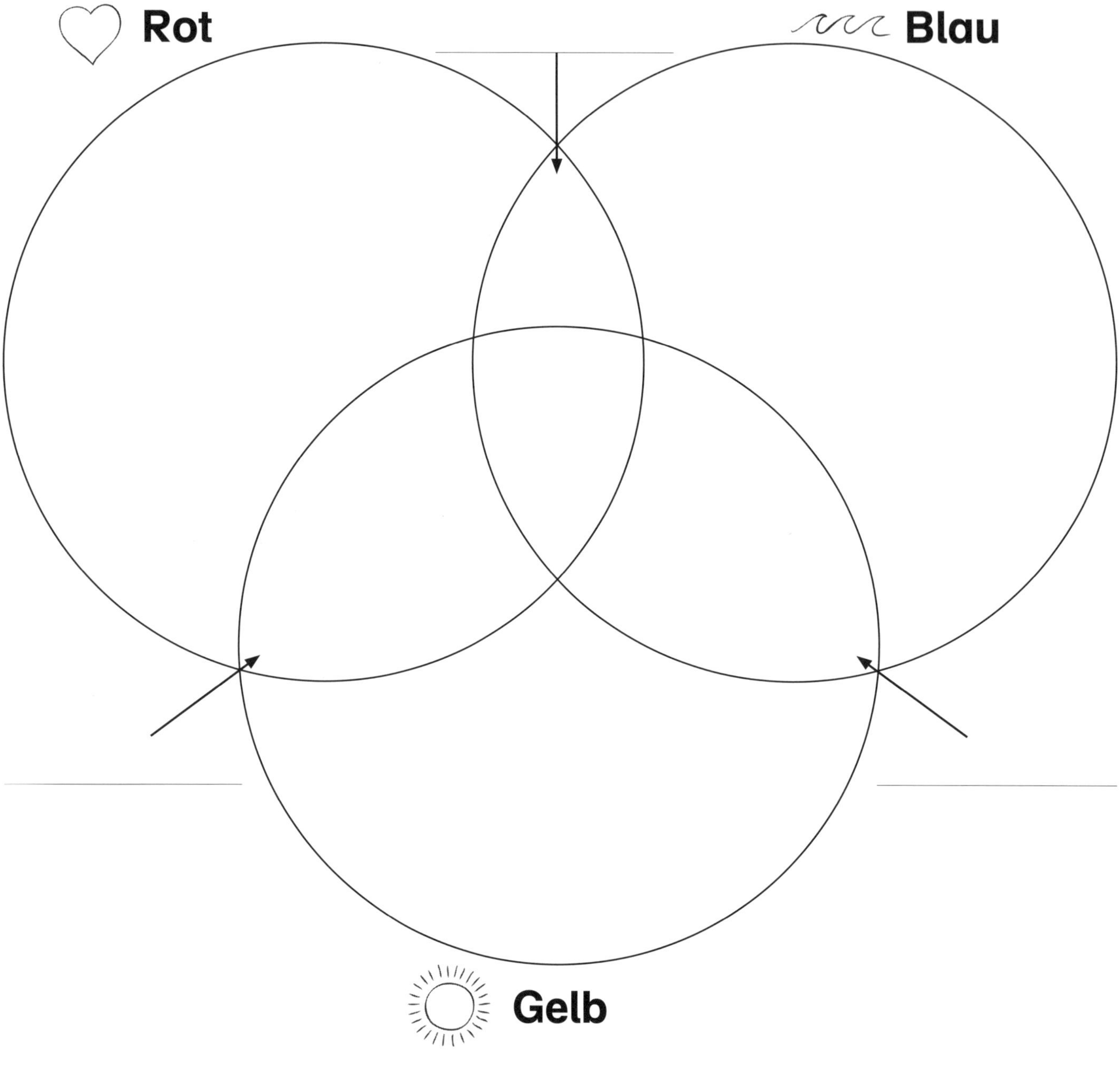

1. Male die Kreise komplett in den Farben an – mit wenig Wasser, viel Farbe. Was fällt dir auf? Beschreibe.

   ____

   ____

2. Welche Farbe entsteht dort, wo sich die Farben von zwei Kreisen überlappen? Schreibe oben auf die drei Linien.

3. Welche Farbe entsteht in der Mitte? ______________________

Fertig? Dann male Fabian Farbkasten an.

Die drei Grundfarben (= Primärfarben) aufhellen und trüben

1. Male die Grundfarben in die jeweilige Mitte der Pfeile.
2. Verändere die Farben in Pfeilrichtung:
   a) Je weiter du nach oben malst, desto mehr Deckweiß oder Wasser nimmst du dazu.
   b) Je weiter du nach unten malst, desto mehr Schwarz nimmst du dazu.
3. Was passiert mit den Farben? Kreuze richtig an.

☐ **helles** / ☐ **dunkles Rot** ☐ **helles** / ☐ **dunkles Gelb** ☐ **helles** / ☐ **dunkles Blau**

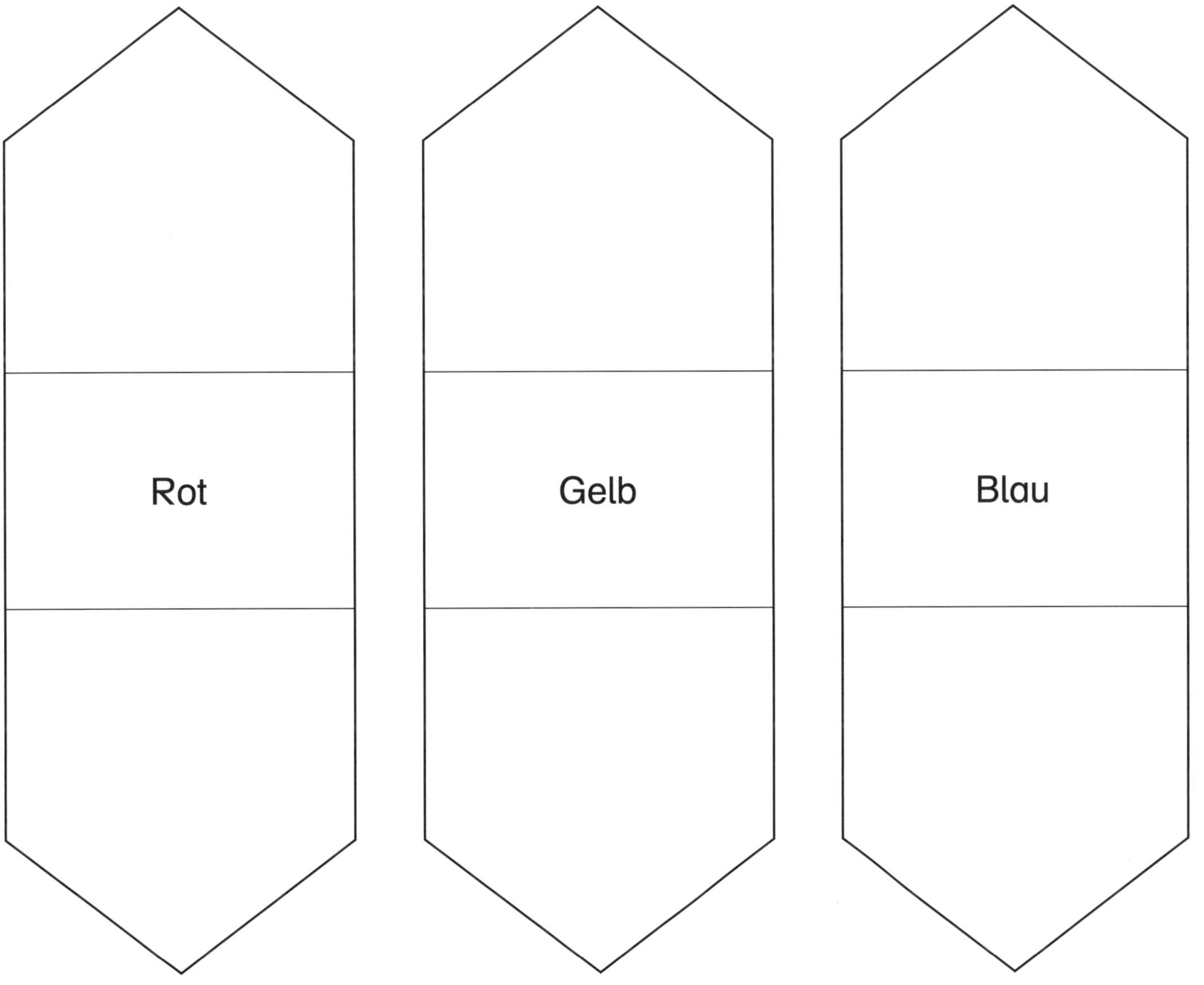

☐ **helles** / ☐ **dunkles Rot** ☐ **helles** / ☐ **dunkles Gelb** ☐ **helles** / ☐ **dunkles Blau**

Fertig? Dann male Fabian Farbkasten an.

Das rote Rätsel-Ausmalbild (Magenta- oder Zinnoberrot)

1. Male Flächen mit roter Farbe aus, in denen du einen oder zwei Wassertropfen siehst.
   💧 = Rot mit sehr wenig Wasser mischen = kräftiges Rot
   💧💧 = Rot mit Wasser mischen = helles Rot
   Versuche, die Linien nicht zu übermalen. Benutze erst einen feinen, dann einen breiten Pinsel.
2. Male danach die restlichen Flächen mit anderen Wasserfarben sauber aus.

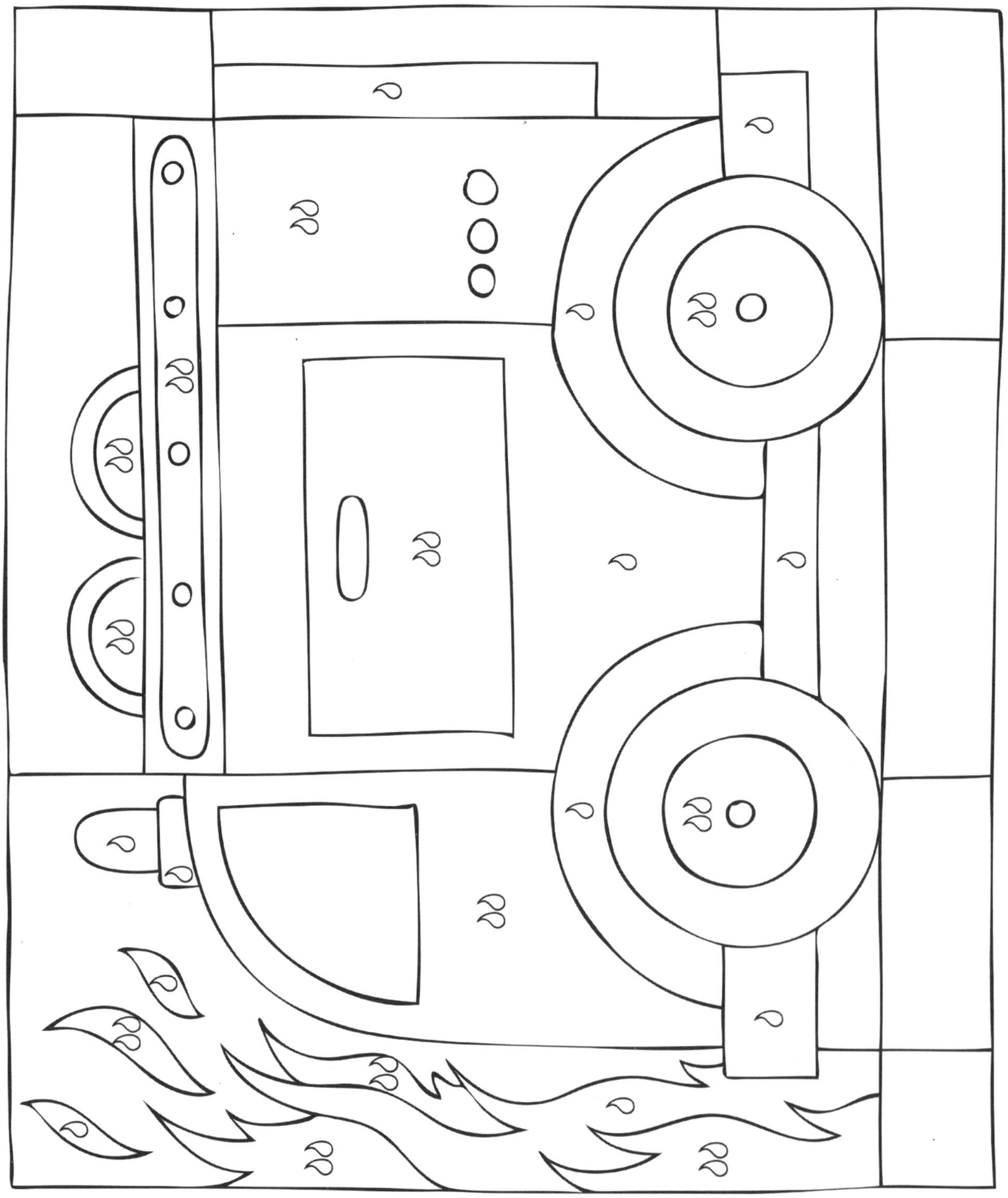

Fertig? Dann male Fabian Farbkasten an.

Das rote Detektiv-Bild

1. Was ist nicht rot? Streiche durch.
2. Male die restlichen Dinge mit roter Wasserfarbe an. Versuche,
   a) die Linien nicht zu übermalen und
   b) in verschiedenen Farbtönen zu malen (mit Wasser oder sehr wenig Wasser, mit oder ohne Deckweiß, verschiedene Rottöne).

Fertig? Dann male Fabian Farbkasten an.

Das gelbe Rätsel-Ausmalbild

1. Male Flächen mit gelber Farbe aus, in denen du einen oder zwei Wassertropfen siehst.
   = Gelb mit sehr wenig Wasser mischen = kräftiges Gelb
   = Gelb mit Wasser mischen = helles Gelb
   Versuche, die Linien nicht zu übermalen. Benutze erst einen feinen, dann einen breiten Pinsel.
2. Male danach die restlichen Flächen mit anderen Wasserfarben sauber aus.

Fertig? Dann male Fabian Farbkasten an.

Das gelbe Detektiv-Bild

1. Was ist nicht gelb? Streiche durch.
2. Male die restlichen Dinge mit gelber Wasserfarbe an. Versuche,
   a) die Linien nicht zu übermalen und
   b) in verschiedenen Farbtönen zu malen (mit Wasser oder sehr wenig Wasser, mit oder ohne Deckweiß, verschiedene Gelbtöne).

Fertig? Dann male Fabian Farbkasten an.

Das blaue Rätsel-Ausmalbild (Cyan- oder Ultramarinblau)

1. Male Flächen mit blauer Farbe aus, in denen du einen oder zwei Wassertropfen siehst.
   💧 = Blau mit sehr wenig Wasser mischen = kräftiges Blau
   💧💧 = Blau mit Wasser mischen = helles Blau
   Versuche, die Linien nicht zu übermalen. Benutze erst einen feinen, dann einen breiten Pinsel.
2. Male danach die restlichen Flächen mit anderen Wasserfarben sauber aus.

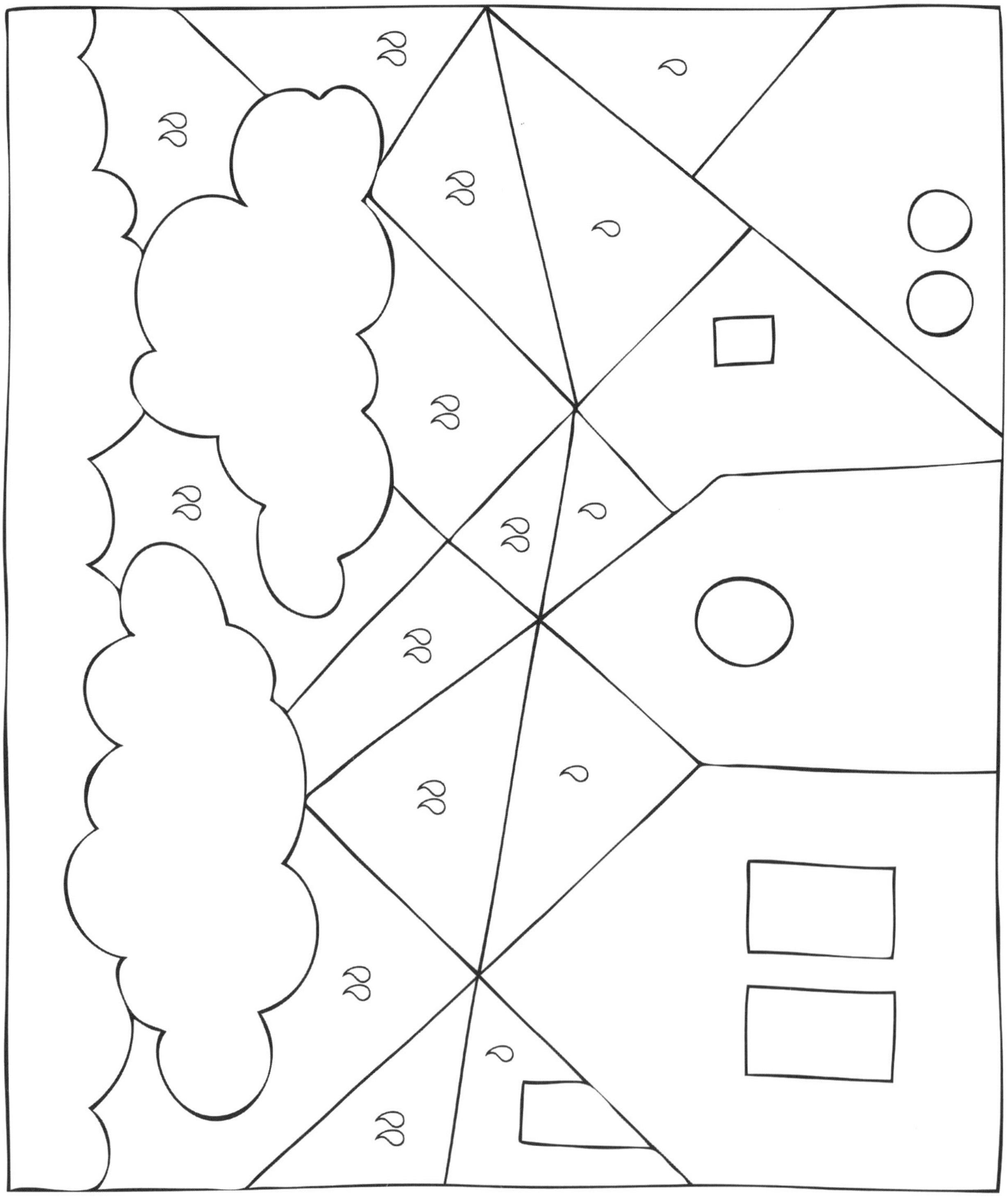

Fertig? Dann male Fabian Farbkasten an.

Das blaue Detektiv-Bild

1. Was ist nicht blau? Streiche durch.
2. Male die restlichen Dinge mit blauer Wasserfarbe an. Versuche,
   a) die Linien nicht zu übermalen und
   b) in verschiedenen Farbtönen zu malen (mit Wasser oder sehr wenig Wasser, mit oder ohne Deckweiß, verschiedene Blautöne).

Fertig? Dann male Fabian Farbkasten an.

Die drei Mischfarben (= Sekundärfarben) im Farbkasten

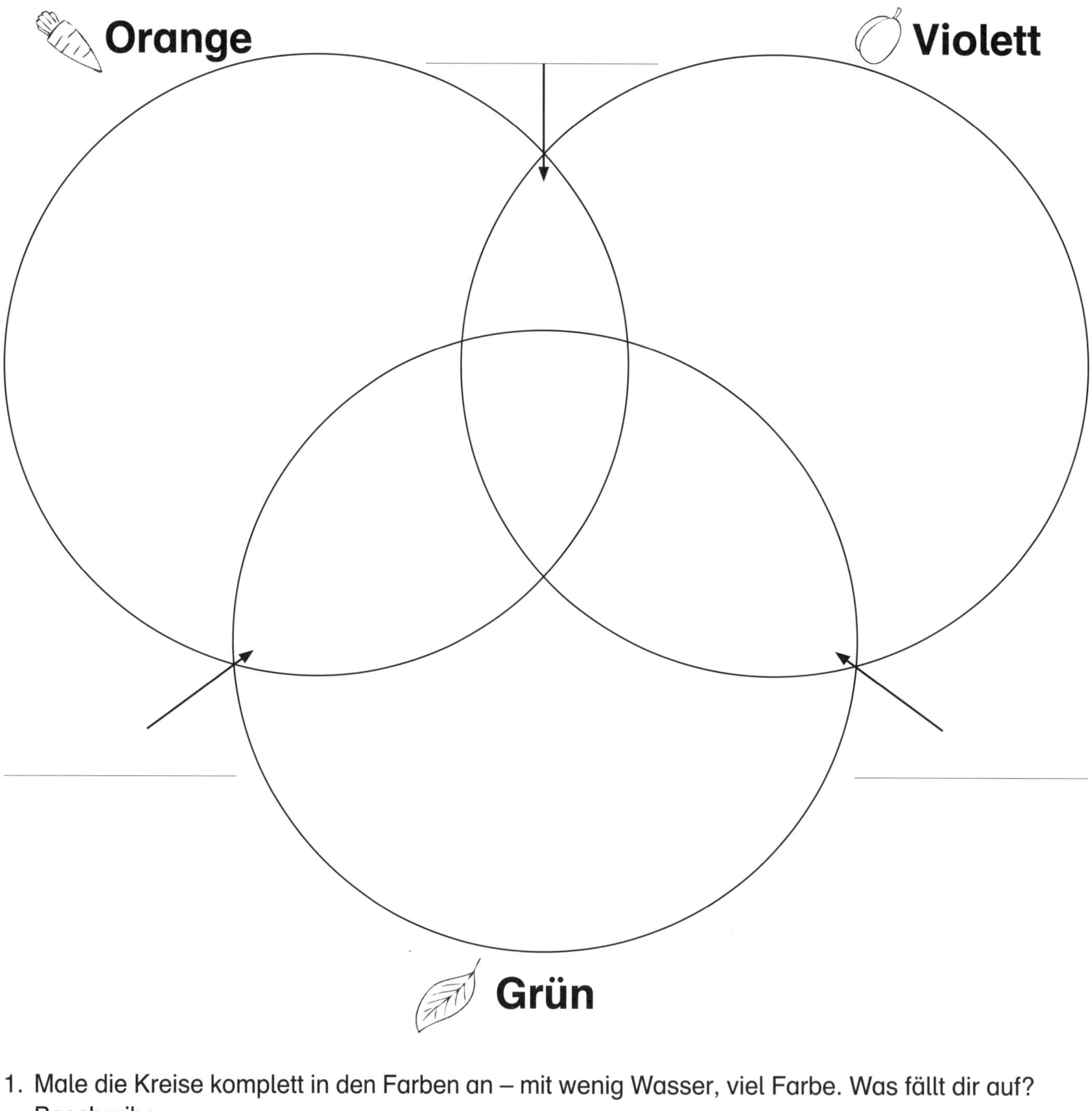

1. Male die Kreise komplett in den Farben an – mit wenig Wasser, viel Farbe. Was fällt dir auf? Beschreibe.

____

____

2. Welche Farbe entsteht dort, wo sich die Farben von zwei Kreisen überlappen? Schreibe oben auf die drei Linien.

3. Welche Farbe entsteht in der Mitte? ______________________

Bernd Wehren: Der Farbkasten-Führerschein · Best.-Nr. 881

Fertig? Dann male Fabian Farbkasten an.

Die drei Mischfarben (= Sekundärfarben) aufhellen und trüben

1. Male die Grundfarben in die jeweilige Mitte der Pfeile.
2. Verändere die Farben in Pfeilrichtung:
   a) Je weiter du nach oben malst, desto mehr Deckweiß oder Wasser nimmst du dazu.
   b) Je weiter du nach unten malst, desto mehr Schwarz nimmst du dazu.
3. Was passiert mit den Farben? Kreuze richtig an.

☐ **helles/** ☐ **dunkles Orange** ☐ **helles/** ☐ **dunkles Grün** ☐ **helles/** ☐ **dunkles Violett**

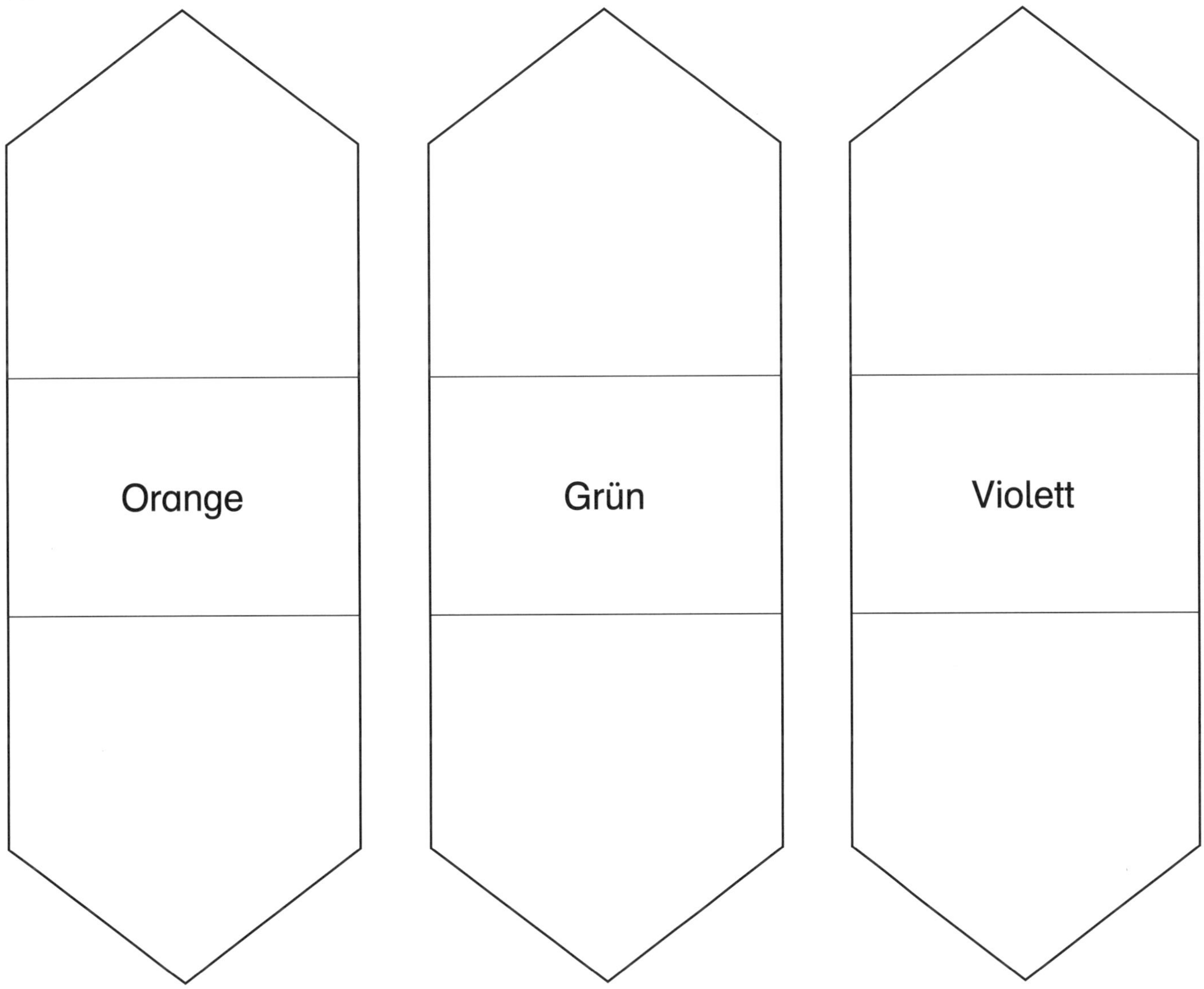

☐ **helles/** ☐ **dunkles Orange** ☐ **helles/** ☐ **dunkles Grün** ☐ **helles/** ☐ **dunkles Violett**

Fertig? Dann male Fabian Farbkasten an.

Das grüne Rätsel-Ausmalbild (Gelbgrün)

1. Male Flächen mit grüner Farbe aus, in denen du einen oder zwei Wassertropfen siehst.
   💧 = Grün mit sehr wenig Wasser mischen = kräftiges Grün
   💧💧 = Grün mit Wasser mischen = helles Grün
   Versuche, die Linien nicht zu übermalen. Benutze erst einen feinen, dann einen breiten Pinsel.
2. Male danach die restlichen Flächen mit anderen Wasserfarben sauber aus.

Fertig? Dann male Fabian Farbkasten an.

Das grüne Detektiv-Bild

1. Was ist nicht grün? Streiche durch.
2. Male die restlichen Dinge mit grüner Wasserfarbe an. Versuche,
   a) die Linien nicht zu übermalen und
   b) in verschiedenen Farbtönen zu malen (mit Wasser oder sehr wenig Wasser, mit oder ohne Deckweiß, verschiedene Grüntöne).

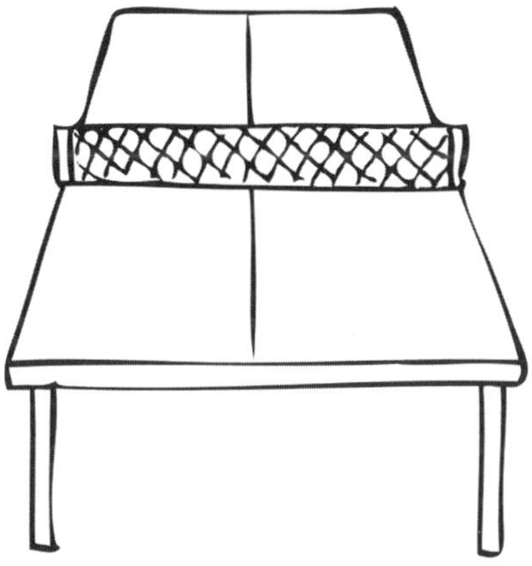

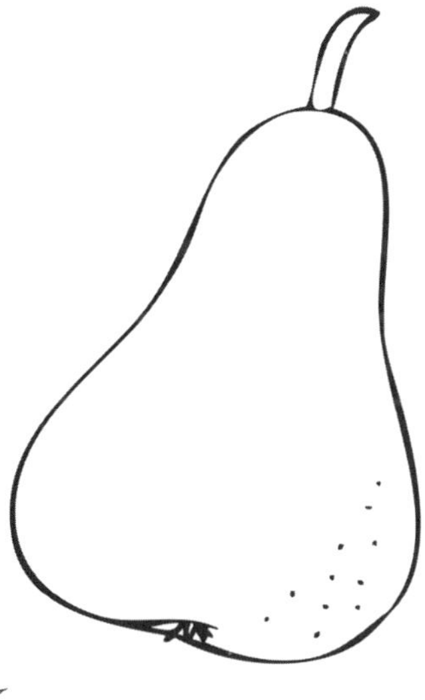

Fertig? Dann male Fabian Farbkasten an.

Das orange Rätsel-Ausmalbild 

1. Male Flächen mit oranger Farbe aus, in denen du einen oder zwei Wassertropfen siehst.
   💧 = Orange mit sehr wenig Wasser mischen = kräftiges Orange
   💧💧 = Orange mit Wasser mischen = helles Orange
   Versuche, die Linien nicht zu übermalen. Benutze erst einen feinen, dann einen breiten Pinsel.
2. Male danach die restlichen Flächen mit anderen Wasserfarben sauber aus.

Bernd Wehren: Der Farbkasten-Führerschein · Best.-Nr. 881

Fertig? Dann male Fabian Farbkasten an.

Das orange Detektiv-Bild 

1. Was ist nicht orange? Streiche durch.
2. Male die restlichen Dinge mit oranger Wasserfarbe an. Versuche,
   a) die Linien nicht zu übermalen und
   b) in verschiedenen Farbtönen zu malen (mit Wasser oder sehr wenig Wasser, mit oder ohne Deckweiß, verschiedene Orangetöne).

 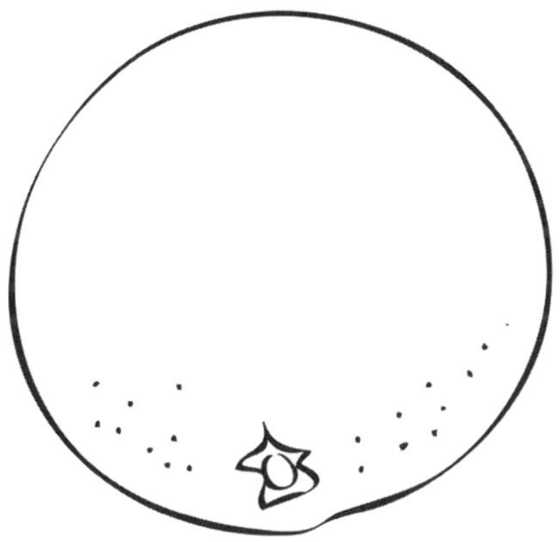 

Fertig? Dann male Fabian Farbkasten an.

Das violette Rätsel-Ausmalbild

1. Male Flächen mit violetter Farbe aus, in denen du einen oder zwei Wassertropfen siehst.
   = Violett mit sehr wenig Wasser mischen = kräftiges Violett
   = Violett mit Wasser mischen = helles Violett
   Versuche, die Linien nicht zu übermalen. Benutze erst einen feinen, dann einen breiten Pinsel.
2. Male danach die restlichen Flächen mit anderen Wasserfarben sauber aus.

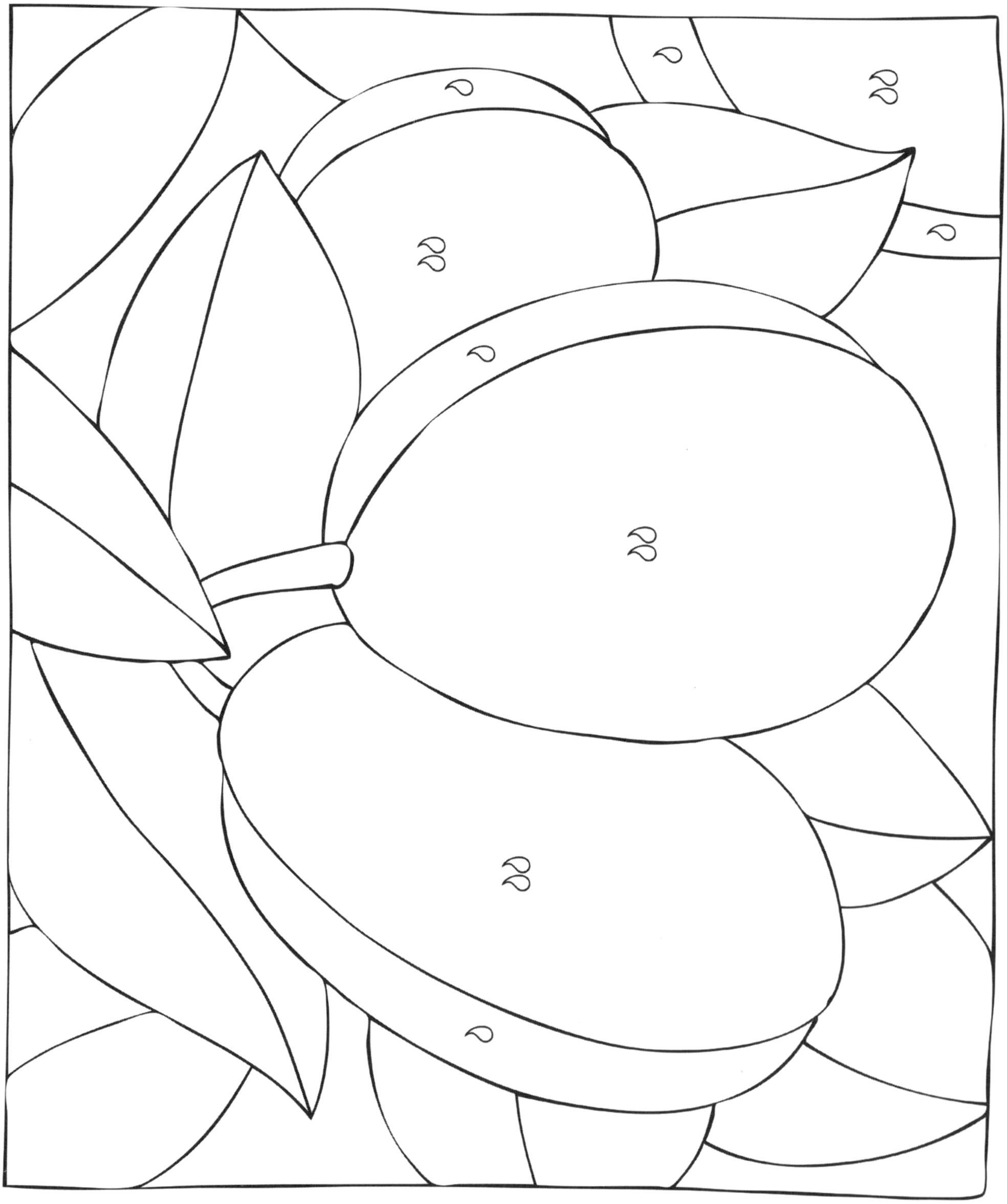

Fertig? Dann male Fabian Farbkasten an.

Das violette Detektiv-Bild

1. Was ist nicht violett? Streiche durch.
2. Male die restlichen Dinge mit violetter Wasserfarbe an. Versuche,
   a) die Linien nicht zu übermalen und
   b) in verschiedenen Farbtönen zu malen (mit Wasser oder sehr wenig Wasser, mit oder ohne Deckweiß, verschiedene Violetttöne).

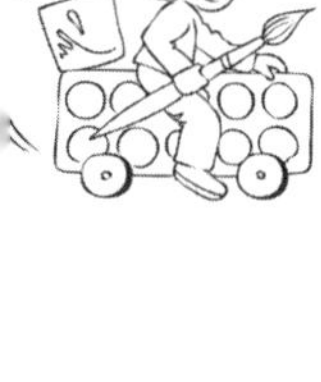

Fertig? Dann male Fabian Farbkasten an.

Das braune Rätsel-Ausmalbild 

1. Male Flächen mit brauner Farbe aus, in denen du einen oder zwei Wassertropfen siehst.
   💧 = Braun mit sehr wenig Wasser mischen = kräftiges Braun
   💧💧 = Braun mit Wasser mischen = helles Braun
   Versuche, die Linien nicht zu übermalen. Benutze erst einen feinen, dann einen breiten Pinsel.
2. Male danach die restlichen Flächen mit anderen Wasserfarben sauber aus.

Fertig? Dann male Fabian Farbkasten an.

Das braune Detektiv-Bild

1. Was ist nicht braun? Streiche durch.
2. Male die restlichen Dinge mit brauner Wasserfarbe an. Versuche,
   a) die Linien nicht zu übermalen und
   b) in verschiedenen Farbtönen zu malen (mit Wasser oder sehr wenig Wasser, mit oder ohne Deckweiß, verschiedene Brauntöne).

Fertig? Dann male Fabian Farbkasten an.

Das silberne Rätsel-Ausmalbild

1. Male Flächen mit silberner Farbe aus, in denen du einen oder zwei Wassertropfen siehst.
   💧 = Silber mit sehr wenig Wasser mischen = kräftiges Silber
   💧💧 = Silber mit Wasser mischen = helles Silber
   Versuche, die Linien nicht zu übermalen. Benutze erst einen feinen, dann einen breiten Pinsel.
2. Male danach die restlichen Flächen mit anderen Wasserfarben sauber aus.

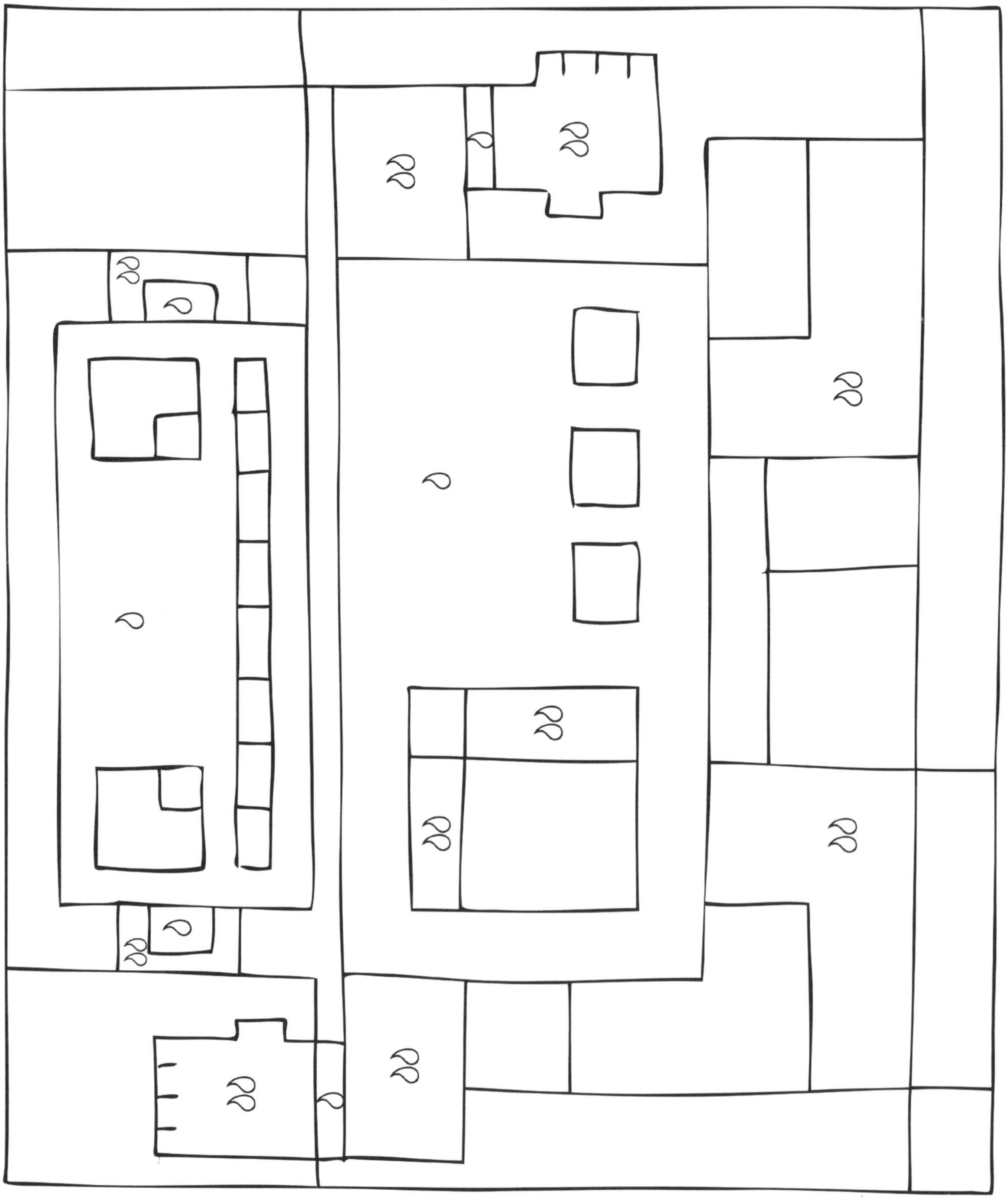

Fertig? Dann male Fabian Farbkasten an.

Das silberne Detektiv-Bild

1. Was ist nicht silber? Streiche durch.
2. Male die restlichen Dinge mit silberner Wasserfarbe an. Versuche,
   a) die Linien nicht zu übermalen und
   b) in verschiedenen Farbtönen zu malen (mit Wasser oder sehr wenig Wasser, mit oder ohne Deckweiß, verschiedene Silbertöne).

Fertig? Dann male Fabian Farbkasten an.

Das goldene Rätsel-Ausmalbild

1. Male Flächen mit goldener Farbe aus, in denen du einen oder zwei Wassertropfen siehst.
   💧 = Gold mit sehr wenig Wasser mischen = kräftiges Gold
   💧💧 = Gold mit Wasser mischen = helles Gold
   Versuche, die Linien nicht zu übermalen. Benutze erst einen feinen, dann einen breiten Pinsel.
2. Male danach die restlichen Flächen mit anderen Wasserfarben sauber aus.

Fertig? Dann male Fabian Farbkasten an.

Das goldene Detektiv-Bild

1. Was ist nicht gold? Streiche durch.
2. Male die restlichen Dinge mit goldener Wasserfarbe an. Versuche,
   a) die Linien nicht zu übermalen und
   b) in verschiedenen Farbtönen zu malen (mit Wasser oder sehr wenig Wasser, mit oder ohne Deckweiß, verschiedene Goldtöne).

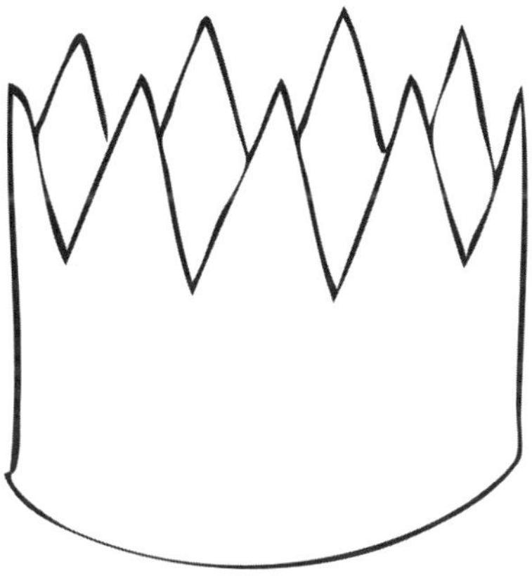

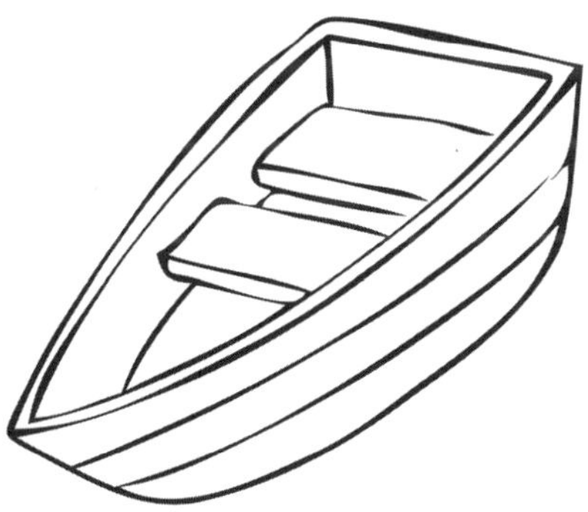

Fertig? Dann male Fabian Farbkasten an.

Das schwarze Rätsel-Ausmalbild

1. Male Flächen mit schwarzer Farbe aus, in denen du einen oder zwei Wassertropfen siehst.
   = Schwarz mit sehr wenig Wasser mischen = kräftiges Schwarz
   = Schwarz mit Wasser mischen = helles Schwarz
   Versuche, die Linien nicht zu übermalen. Benutze erst einen feinen, dann einen breiten Pinsel.
2. Male danach die restlichen Flächen mit anderen Wasserfarben sauber aus.

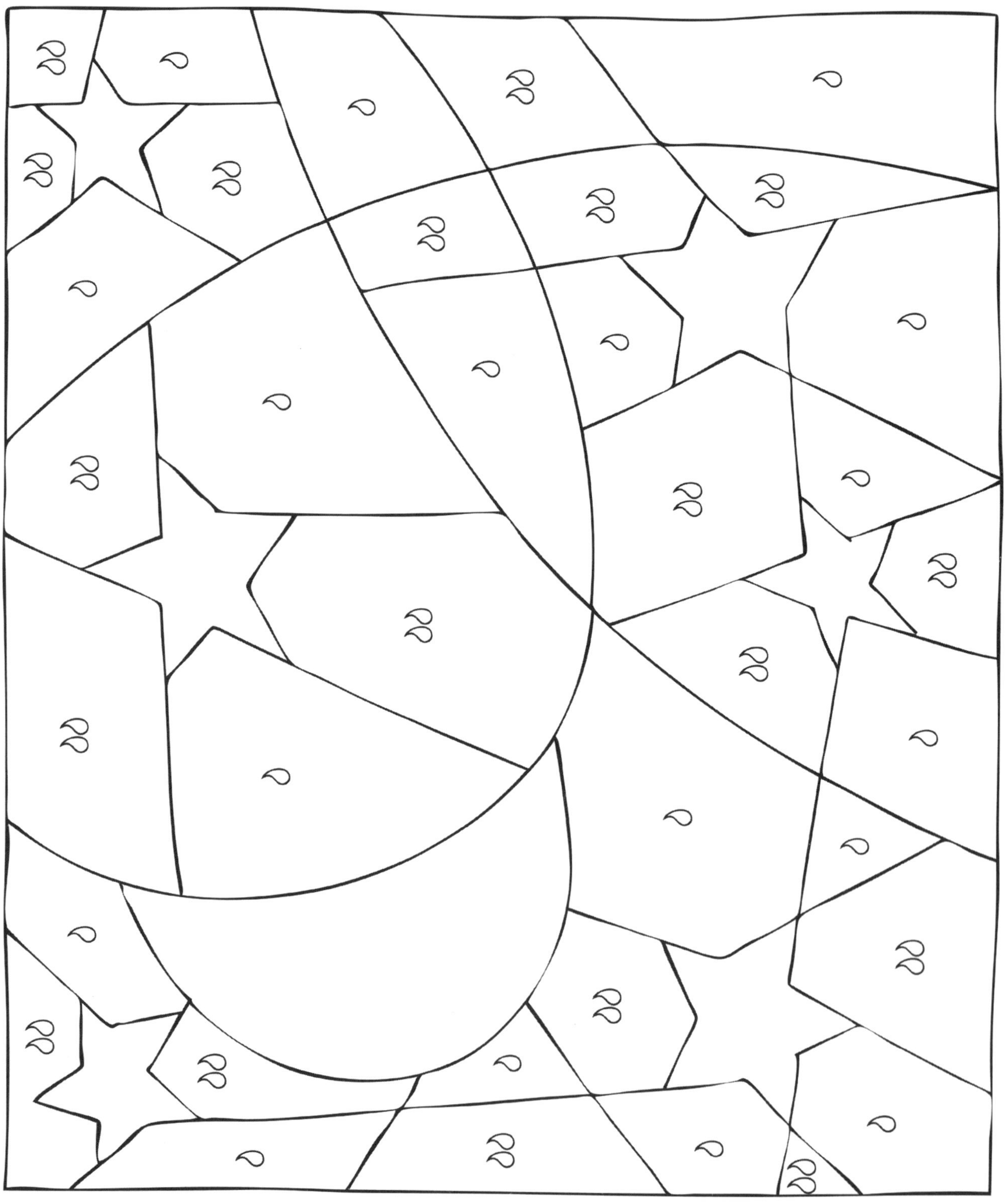

Fertig? Dann male Fabian Farbkasten an.

Das schwarze Detektiv-Bild

1. Was ist nicht schwarz? Streiche durch.
2. Male die restlichen Dinge mit schwarzer Wasserfarbe an. Versuche,
   a) die Linien nicht zu übermalen und
   b) in verschiedenen Farbtönen zu malen (mit Wasser oder sehr wenig Wasser, mit oder ohne Deckweiß, verschiedene Schwarztöne).

Fertig? Dann male Fabian Farbkasten an.

Das weiße Rätsel-Ausmalbild

Male Flächen farbig aus, in denen du einen oder zwei Wassertropfen siehst.
💧 = Farbe mit sehr wenig Wasser mischen = kräftige Farbe
💧💧 = Farbe mit Wasser mischen = helle Farbe
Versuche, die Linien nicht zu übermalen. Benutze erst einen feinen, dann einen breiten Pinsel.

Fertig? Dann male Fabian Farbkasten an.

Das weiße Detektiv-Bild

Was ist nicht weiß? Male diese Dinge farbig an. Versuche,
a) die Linien nicht zu übermalen und
b) in verschiedenen Farbtönen zu malen (mit Wasser oder sehr wenig Wasser, mit oder ohne Deckweiß).

Fertig? Dann male Fabian Farbkasten an.

Das graue Rätsel-Ausmalbild

1. Male Flächen mit grauer Farbe (Schwarz mit etwas Deckweiß gemischt) aus, in denen du einen oder zwei Wassertropfen siehst.
   💧 = Grau mit sehr wenig Wasser mischen = kräftiges Grau
   💧💧 = Grau mit Wasser mischen = helles Grau
   Versuche, die Linien nicht zu übermalen. Benutze erst einen feinen, dann einen breiten Pinsel.
2. Male danach die restlichen Flächen mit anderen Wasserfarben sauber aus.

Fertig? Dann male Fabian Farbkasten an.

Das graue Detektiv-Bild 

1. Was ist nicht grau? Streiche durch.
2. Male die restlichen Dinge mit grauer Wasserfarbe an. Versuche,
   a) die Linien nicht zu übermalen und
   b) in verschiedenen Farbtönen zu malen (mit Wasser oder sehr wenig Wasser, mit oder ohne Deckweiß, verschiedene Grautöne).

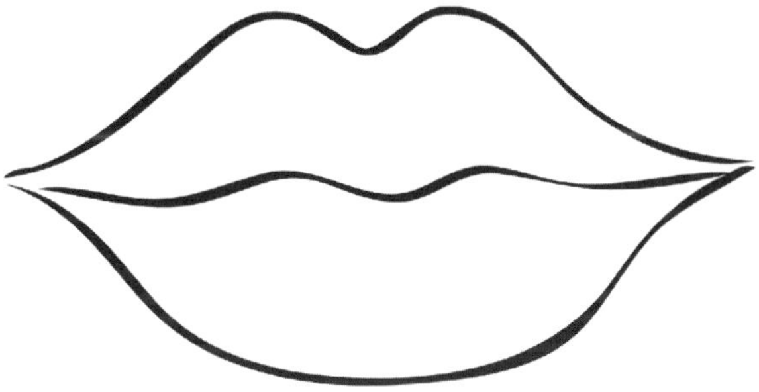

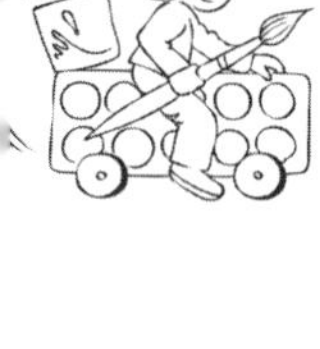

Fertig? Dann male Fabian Farbkasten an.

Farben mischen (1)

Mische diese Farben miteinander und male die Flächen aus. Welche Farben entstehen?

Rot + Gelb = ____________________

Rot + Blau = ____________________

Gelb + Blau = ____________________

Rot + Gelb + Blau = ____________________

Rot + Weiß = ____________________

Blau + Weiß = ____________________

Gelb + Weiß = ____________________

Rot + Schwarz = ____________________

Fertig? Dann male Fabian Farbkasten an.

Farben mischen (2)

Mische diese Farben miteinander und male die Flächen aus. Welche Farben entstehen?

Blau + Schwarz = ____________________

Gelb + Schwarz = ____________________

Orange + Grün + Violett = ____________________

Schwarz + Weiß = ____________________

Erfinde auch vier eigene Farb-Mischungen. Schreibe und male.

____________________ = ____________________

____________________ = ____________________

____________________ = ____________________

____________________ = ____________________

Der kleine Farbkreis

1. Male mit den drei Grundfarben die drei Innendreiecke an: oben Gelb, links unten Blau und rechts unten Rot. Benutze dabei wenig Wasser, aber viel Farbe!
2. Mische nun immer zwei Grundfarben und male die drei Außendreiecke jeweils an.
3. Welche drei Mischfarben entstehen? Schreibe auf.

Die drei Grundfarben sind: ______________________________.

Die drei Mischfarben entstehen aus:

Grundfarbe	+	Grundfarbe	=	Mischfarbe
______________	+	______________	=	______________
______________	+	______________	=	______________
______________	+	______________	=	______________

Fertig? Dann male Fabian Farbkasten an.

Der große Farbkreis

1. Male die drei Innendreiecke an: oben Gelb, links unten Blau, rechts unten Rot (Grundfarben).
2. Mische nun immer zwei Grundfarben und male die drei Außendreiecke jeweils an.

3. Es entstehen die drei Mischfarben ______________________________.
4. Male die weiteren Felder aus. Benutze dabei wenig Wasser, aber viel Farbe:

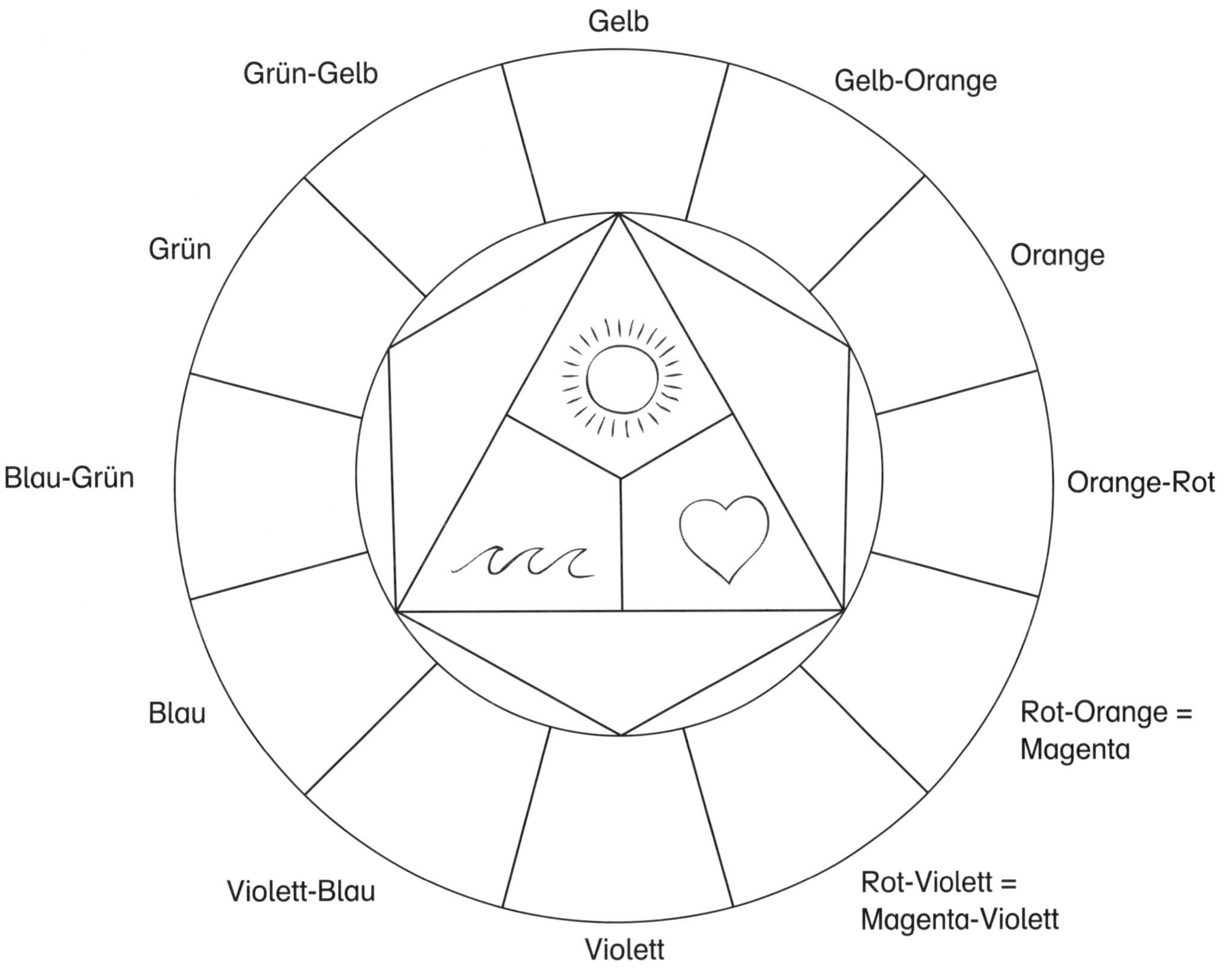

5. Setze diese Wörter richtig ein: leuchten – kalten – Gegenfarben – näher – rechten

- Die Farben, die sich gegenüber liegen, nennt man ______________________.
- Die warmen Farben liegen auf der ______________________ Seite des Farbkreises: Gelb-Orange bis Rot-Violett.
- Auf der linken Seite des Farbkreises liegen die ______________________ Farben: Grün-Gelb bis Violett-Blau.
- Dunkle Farben scheinen weiter weg zu sein, helle Farben scheinen ______________________ zu sein.
- Vor hellem Hintergrund verblassen Farben und vor schwarzem Hintergrund ______________________ Farben.

Bernd Wehren: Der Farbkasten-Führerschein · Best.-Nr. 881

Fertig? Dann male Fabian Farbkasten an.

Maltechniken – das deckende Malen

1. Male mit verschiedenen Farben deiner Wahl über die Linien der einzelnen Formen. Mische jede Farbe mit **sehr wenig Wasser**. Benutze beim deckenden Malen einen **breiten, dicken Pinsel**.
2. Schaffst du es, die Linien so mit Farbe abzudecken, dass du keine schwarze Linie mehr siehst?
3. Wenn die Farben getrocknet sind, kannst du mit einer anderen Farbe über die getrockneten Farben deckend malen.

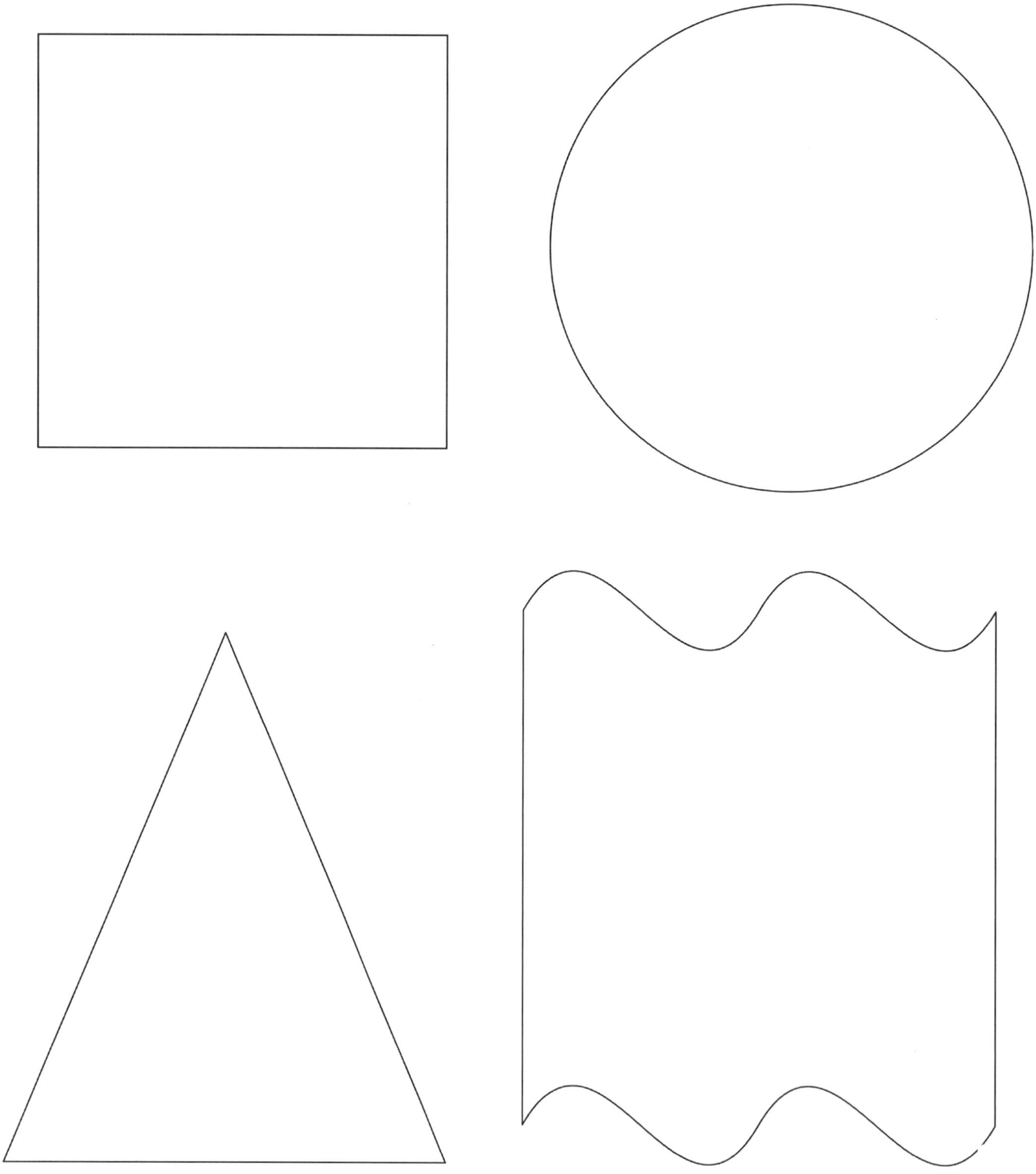

Fertig? Dann male Fabian Farbkasten an.

Maltechniken – das Lasieren

1. Benutze beim Lasieren **verschiedene Pinsel und einen Bleistift**. Zeichne mit Bleistift den Rest des Kopfes: Nase, Ohren, Hals, Haare usw. Male dann mit verschiedenen Farben deiner Wahl über die Linien. Mische jede Farbe mit **viel Wasser**.
2. Schaffst du es, die Linien so mit Farbe zu übermalen, dass die schwarzen Linien noch durchschimmern?
3. Trage die stark verdünnten Farben in mehreren Schichten auf. So kannst du z. B. dunkleres und helleres Haar malen.

Fertig? Dann male Fabian Farbkasten an.

Maltechniken – das Malen in Schichten

1. Benutze beim Malen in Schichten **verschiedene Pinsel und einen Bleistift**. Zeichne mit Bleistift den Rest des Schmetterlings: Punkte, Muster usw. Mische eine Farbe mit **etwas Wasser**, sodass die Farbe nicht zu dick und nicht zu dünn wird. Male die Flügel an. Wichtig: Warte danach, bis die Farbe getrocknet ist!
2. Für dein Flügelmuster mische nun eine andere Farbe mit etwas Wasser. Warte wieder, bis die Farbe getrocknet ist. Du darfst bei den weiteren Farben die anderen, getrockneten Farben übermalen. So malst du in Schichten.

Fertig? Dann male Fabian Farbkasten an.

Maltechniken – das farbige Zeichnen

Benutze beim farbigen Zeichnen **feine, dünne Pinsel**. Zeichne mit einem dünnen Pinsel Muster auf Zauberumhang und Hut: Mische eine Farbe mit **sehr wenig Wasser** und zeichne Kreise. Zeichne dann mit einer anderen Farbe weitere Muster: Sterne, Kreuze, Halbmonde usw. Benutze dabei den Pinsel immer wie einen Bleistift, da du so dünne Striche zeichnen kannst.

Fertig? Dann male Fabian Farbkasten an.

Maltechniken – das wässrige Malen (Nass in Nass)

1. Benutze beim wässrigen Malen einen **breiten Pinsel**. Bestreiche mit dem breiten Pinsel das Blatt Papier von beiden Seiten mit **etwas Wasser**. So wellt sich das Blatt nicht beim Malen.
2. Male nun mit verschiedenen Farben die Blüten aus. Dabei wird die Farbe über die Linien laufen, sodass die Farben ineinander laufen. Halte das Blatt während des Malens stets nass.
3. Wenn das Bild getrocknet ist, kannst du mit einem feinen Pinsel und viel Farbe z. B. noch Ränder nachzeichnen.

Fertig? Dann male Fabian Farbkasten an.

Maltechniken – das tupfende Malen

Benutze beim tupfenden Malen **verschiedene Pinsel, einen Schwamm oder ein Tuch**. Mische eine Farbe mit **etwas Wasser**. Tupfe nun mit Pinsel, Schwamm oder Tuch auf das Mauerwerk des Turms: Stein für Stein. Tupfe auch mit anderen Farben.

Fertig? Dann male Fabian Farbkasten an.

Kunterbunte Ausmalbilder: Der Ballonflug

1. Male an. Wähle eine Maltechnik und benutze
   a) viele Farben aus dem Farbkasten oder
   b) nur die drei Grundfarben Rot, Blau und Gelb. Mische daraus andere Farben.
2. Erfinde eine Geschichte zu dem Bild. Erzähle oder schreibe auf.

Fertig? Dann male Fabian Farbkasten an.

Kunterbunte Ausmalbilder: Die Zirkusvorstellung

1. Male an. Wähle eine Maltechnik und benutze
   a) viele Farben aus dem Farbkasten oder
   b) nur die drei Grundfarben Rot, Blau und Gelb. Mische daraus andere Farben.
2. Erfinde eine Geschichte zu dem Bild. Erzähle oder schreibe auf.

Fertig? Dann male Fabian Farbkasten an.

Malen nach Symbolen: Der Regenbogen

1. Male die Flächen genau nach den Symbolen mit Farben aus deinem Farbkasten aus. Versuche, die Linien nicht zu übermalen. Benutze erst einen feinen, dann einen breiten Pinsel.
2. Erfinde eine Geschichte zu dem Bild. Erzähle oder schreibe auf.

Fertig? Dann male Fabian Farbkasten an.

Malen nach Symbolen: Die Siegerehrung

1. Male die Flächen genau nach den Symbolen mit Farben aus deinem Farbkasten aus. Versuche, die Linien nicht zu übermalen. Benutze erst einen feinen, dann einen breiten Pinsel.
2. Erfinde eine Geschichte zu dem Bild. Erzähle oder schreibe auf.

Fertig? Dann male Fabian Farbkasten an.

Farbe-ärgere-mich-nicht (1)

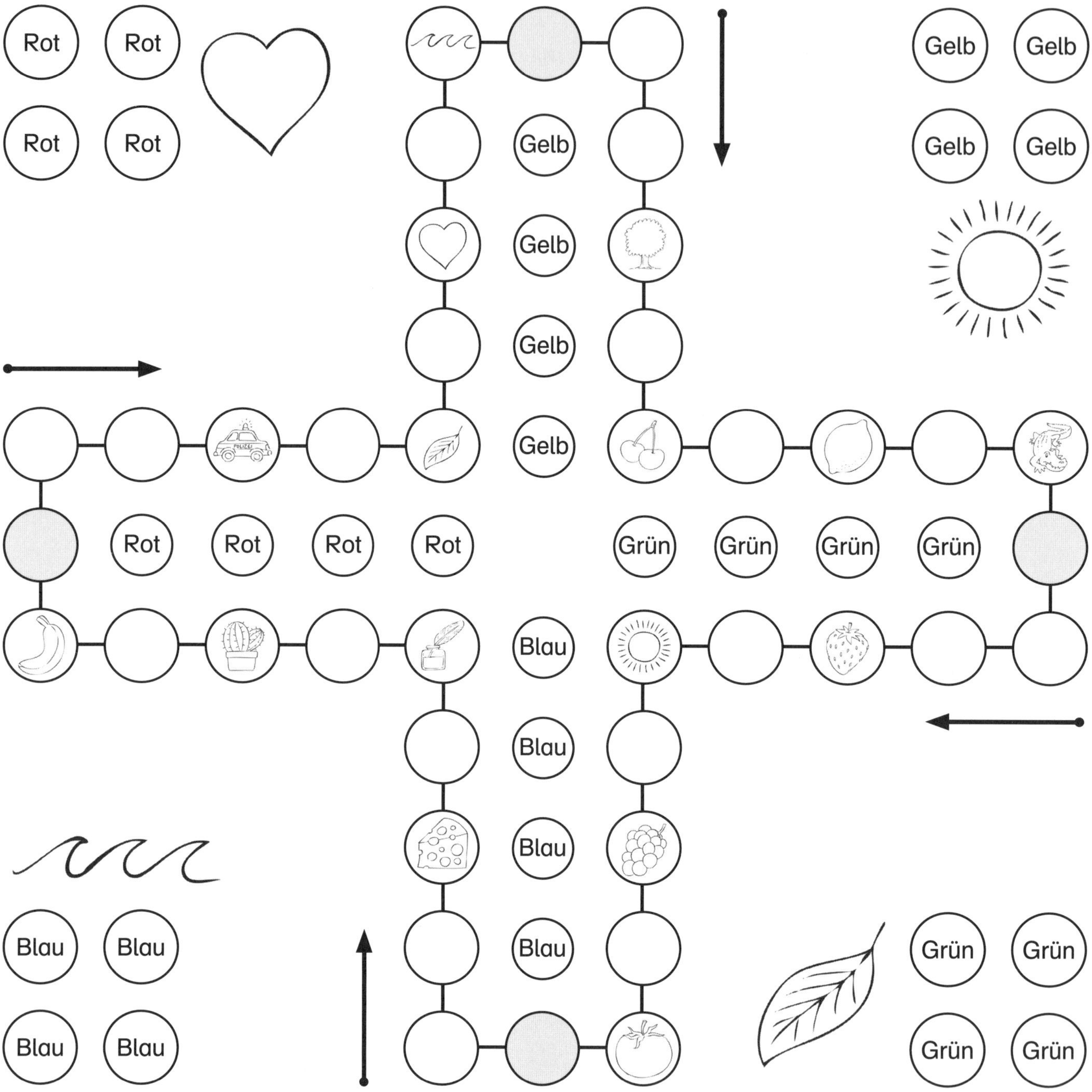

Spielregeln:

1. Jeder Spieler wählt eine Farbe und besetzt dann seine vier farbigen Startfelder mit den vier Spielfiguren seiner Farbe. Der jüngste Spieler beginnt und würfelt.
2. Mit einer „6" kommt man vom Startfeld auf das erste Lauffeld. Man hat dafür drei Würfelversuche.
3. Würfelt ein Spieler eine „6" und hat er noch Spielfiguren auf den Startfeldern, hat das Einsetzen (also das Setzen vom Ausgangsfeld auf das erste Lauffeld) Vorrang gegenüber dem Setzen einer anderen Spielfigur auf den Lauffeldern.
4. Bei jeder „6" darf noch einmal gewürfelt werden.
5. Wenn ein Spieler beim Setzen seiner Spielfigur auf ein Farbfeld kommt, das zu seiner Farbe gehört, darf er noch einmal würfeln (z. B. Weintrauben = Blau).
6. Wenn ein Spieler beim Setzen seiner Spielfigur auf ein graues Feld kommt, so muss er würfeln und die gewürfelte Augenzahl zurücksetzen. Auf einem weißen Feld passiert nichts!
7. Kommt ein Spieler auf ein bereits besetztes Feld, darf er den anderen nur rauswerfen, wenn das Farbfeld zu seiner Farbe gehört. Rausgeworfene Spielfiguren müssen zurück auf ihr Startfeld.
   Gewonnen hat der Spieler, der seine vier Spielfiguren zuerst in die Zielfelder bringen konnte.

Kurze Spieldauer: Jeder Spieler hat nur 3 oder sogar nur 2 Spielfiguren!

Farbe-ärgere-mich-nicht (2)

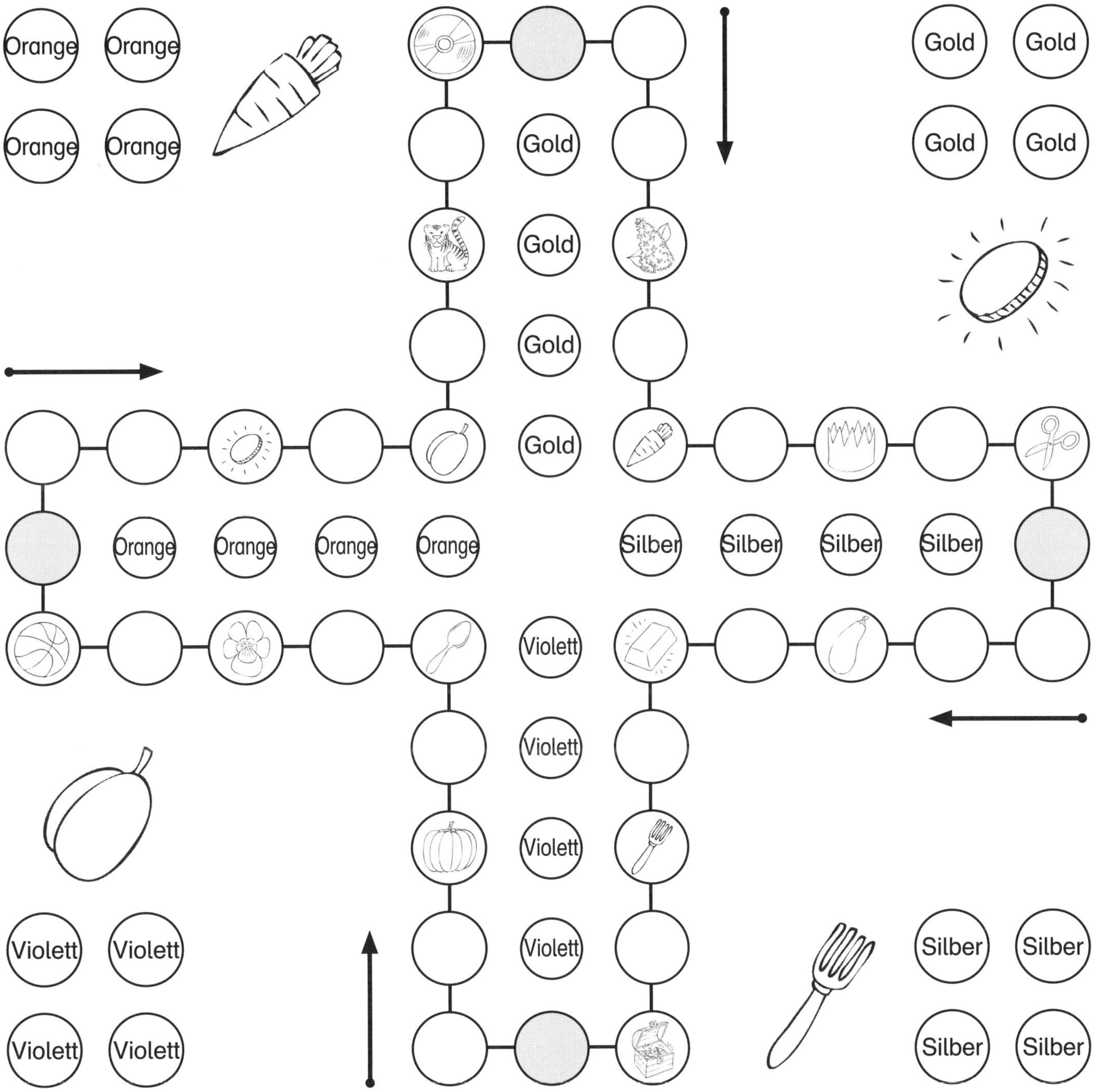

Spielregeln:

1. Jeder Spieler wählt eine Farbe und besetzt dann seine vier farbigen Startfelder mit den vier Spielfiguren seiner Farbe. Der jüngste Spieler beginnt und würfelt.
2. Mit einer „6“ kommt man vom Startfeld auf das erste Lauffeld. Man hat dafür drei Würfelversuche.
3. Würfelt ein Spieler eine „6“ und hat er noch Spielfiguren auf den Startfeldern, hat das Einsetzen (also das Setzen vom Ausgangsfeld auf das erste Lauffeld) Vorrang gegenüber dem Setzen einer anderen Spielfigur auf den Lauffeldern.
4. Bei jeder „6“ darf noch einmal gewürfelt werden.
5. Wenn ein Spieler beim Setzen seiner Spielfigur auf ein Farbfeld kommt, das zu seiner Farbe gehört, darf er noch einmal würfeln (z. B. Veilchen-Blüte = Violett).
6. Wenn ein Spieler beim Setzen seiner Spielfigur auf ein graues Feld kommt, so muss er würfeln und die gewürfelte Augenzahl zurücksetzen. Auf einem weißen Feld passiert nichts!
7. Kommt ein Spieler auf ein bereits besetztes Feld, darf er den anderen nur rauswerfen, wenn das Farbfeld zu seiner Farbe gehört. Rausgeworfene Spielfiguren müssen zurück auf ihr Startfeld.
   Gewonnen hat der Spieler, der seine vier Spielfiguren zuerst in die Zielfelder bringen konnte.

Kurze Spieldauer: Jeder Spieler hat nur 3 oder sogar nur 2 Spielfiguren!

Bernd Wehren: Der Farbkasten-Führerschein · Best.-Nr. 881

Farben-Quartett

1. Alle Quartett-Karten werden gemischt und an die Spieler verteilt. Auf allen Quartett-Karten sieht man drei kleine Bilder und ein großes Bild zu einer Farbe, z. B. Kirschen, Herz, Tomate, Lippen (= Rot).
2. Der erste Spieler erfragt von einem Mitspieler eine ihm fehlende Quartett-Karte (= eines der drei kleinen Bilder). Hat der angesprochene Spieler diese Karte, so muss er sie dem Frager überlassen.
3. Der Spieler fragt seine Mitspieler so lange, bis ein Mitspieler eine geforderte Quartett-Karte nicht besitzt. Danach muss er eine Karte ziehen und der erfolglos angesprochene Spieler ist an der Reihe.
4. Hat ein Spieler ein Quartett (vier zusammengehörige Farbbild-Karten) zusammen, legt er sie auf den Tisch. Sieger ist, wer am Ende die meisten gesammelt hat.

Farben-Memory mit Quartett-Karten

1. Die Spieler legen alle zusammengehörigen Quartette zu jeder Farbe offen auf den Tisch. Zwei Karten einer jeden Farbe werden aus dem Spiel genommen, sodass nur noch Farb-Pärchen auf dem Tisch liegen.
2. Die Karten werden umgedreht und auf dem Tisch gemischt.
3. Der jüngste Spieler deckt zwei Karten auf.
4. Passt ein Paar zusammen, so darf er es behalten und ist noch mal am Zug.
   Passt es nicht zusammen, werden die Karten wieder verdeckt und der Spielzug ist beendet.
5. Reihum ist der nächste Spieler am Zug und deckt zwei Karten auf.
6. Sieger ist der Spieler mit den meisten Paaren.

Profi-Variante: Nicht Pärchen müssen gefunden werden, sondern Trios, also drei zusammengehörige Karten. Vor Spielbeginn wird jeweils eine Karte pro Farb-Quartett aus dem Spiel genommen.

Bunter Regenbogen (wie Schwarzer Peter)

1. Die Bunter-Regenbogen-Karte wird mit den anderen Quartett-Karten gemischt und gleichmäßig an die Spieler verteilt. Findet ein Spieler in seinem Blatt Farb-Pärchen, so legt er sie sofort ab.
2. Nun beginnt das Kartenziehen: Der Spieler mit den meisten Karten zieht nun aus dem Blatt seines linken Nachbarn eine Karte und steckt sie zu seinem Blatt. Kann er mit dieser Karte ein Paar bilden, so legt er dieses ab. Sodann ist der linke Nachbar an der Reihe und spielt in gleicher Weise.
3. Das Spiel wird so lange fortgesetzt, bis alle Paare abgelegt und einem Spieler als einzige Karte die Bunte-Regenbogen-Karte in der Hand bleibt. Diesem Spieler wird zur „Strafe“ ein kleiner bunter Punkt auf Stirn oder Nase gemalt.

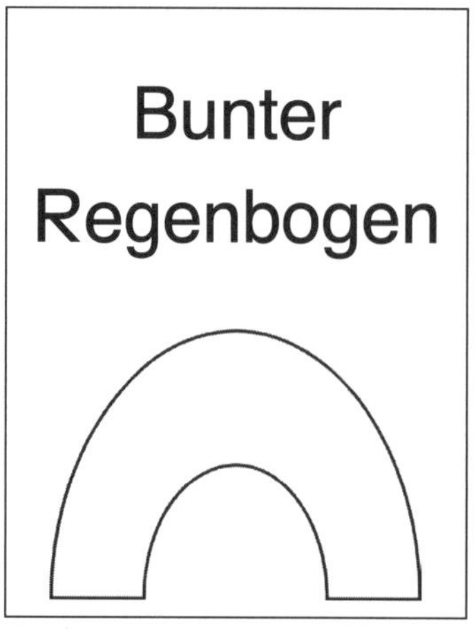

Quartett-Karten (1)

Quartett-Karten (2)

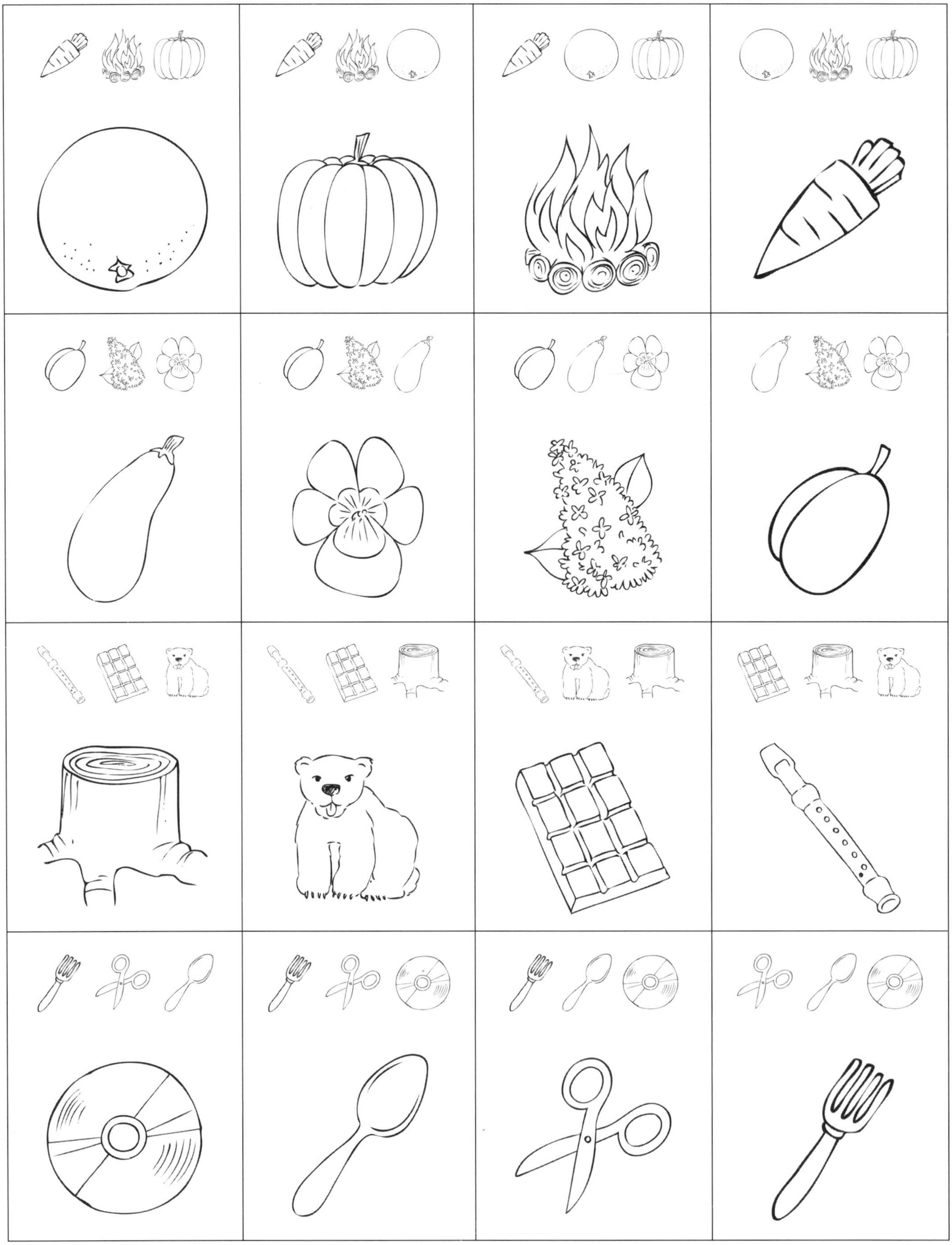

Quartett-Karten (3)

Weitere Farben-Spiele

Farbecken-Rennen

In vier Ecken der Turnhalle oder des Schulhofs werden vier große Farb-Karten gelegt: Rot, Gelb, Grün, Blau – später auch andere Farben.
Der Lehrer oder ein Kind ist Spielleiter. Die Kinder laufen durcheinander. Irgendwann ruft der Spielleiter ein Tier, eine Pflanze oder einen Gegenstand, der eindeutig eine der vier Farben hat. Die Kinder müssen nun so schnell wie möglich zu der passenden Ecke laufen. Der Letzte macht eine Runde Pause, darf aber mit dem letzten Kind der nächsten Runde wieder tauschen und mitmachen. Eventuell mit Musik!

Farben-Memory

Der Lehrer malt auf gleich große Karten aus weißem Karton verschiedene Farben: Die Vorderseiten bleiben weiß und auf je zwei Rückseiten malt der Lehrer die gleiche Farbe, sodass von jeder Farbe immer ein Paar vorhanden ist (zwei rote Karten, zwei blaue Karten usw.).
Die Karten werden gemischt und verdeckt auf den Tisch nebeneinander gelegt. Der erste Spieler darf zwei Karten für alle sichtbar aufdecken. Sind es dieselben Farben, darf er die Karten behalten. Sind es unterschiedliche Farben, legt er die beiden Karten an die gleiche Stelle und der nächste Spieler ist an der Reihe. Wenn alle Karten weg sind, hat der Spieler mit den meisten Kartenpaaren gewonnen.
Variante: Die Farbe muss beim Aufdecken richtig genannt werden.

Farben-Gummibärchen

Ein Kind darf nach vorne kommen und sich auf den Lehrerstuhl setzen. Es macht die Augen zu und legt den Kopf in den Nacken. Der Lehrer legt dem Kind nun ein Gummibärchen auf die Stirn. Es muss durch geschicktes Fragen erraten, welche Farbe das Gummibärchen hat: Hat das Gummibärchen die Farbe wie ein Frosch? Hat es die Farbe einer Banane?
Nach fünf Fragen muss es eine Farbe sagen. Errät es die Farbe richtig, bekommt es das Gummibärchen und darf sich noch eins zur Belohnung aus der Tüte nehmen. Ist die Farbe falsch, bekommt es nur das Gummibärchen auf der Stirn.

Fischer, Fischer, welche Fahne weht heute?

In der Turnhalle oder auf dem Schulhof stehen alle Kinder auf einer Seite. Auf der anderen Seite steht der Fischer. Nun rufen die Kinder: „Fischer, Fischer, welche Fahne weht heute?“ Der Fischer antwortet mit einer Farbe, z. B.: „Die gelbe Fahne.“ Nun laufen Fischer und Kinder auf die jeweils andere Seite. Dabei darf der Fischer alle Kinder fangen, die kein gelbes Kleidungsstück tragen. Die anderen Kinder dürfen zur anderen Seite gehen. Wer die andere Seite erreicht, ist gerettet. Alle gefangenen Kinder sind nun auch Fischer. Die anderen Kinder fragen wieder, welche Fahne weht usw. Gewonnen hat das letzte nicht gefangene Kind. Dieses Kind ist nun der neue Fischer.

Farben-Detektiv

Der Lehrer legt im Sitzkreis 5–10 verschiedenfarbige Papier- oder Stoffreste auf den Boden. Die Kinder nennen zusammen die Farben. Eine Farbe wird geheim weggenommen, nachdem die Papiere oder Stoffe mit einer Decke abgedeckt worden sind.
Die Decke wird wieder weggenommen. Die Kinder raten nun, welche Farbe fehlt. Der Farben-Detektiv, der als Erster richtig rät, darf als Nächstes eine Farbe wegnehmen.

Farben-Quiz

Alle Kinder bekommen einen Zettel und einen Stift. Der Lehrer oder ein Kind gibt eine Farbe vor, z. B.: Rot. Die Kinder sollen nun innerhalb von einer Minute so viele Dinge wie möglich aufschreiben oder malen, die rot sind. Wer die meisten richtigen Begriffe aufgeschrieben oder gemalt hat, darf die nächste Farbe nennen.
Variante: Man kann aber auch für jeden richtigen Begriff Punkte verteilen und dann mehrere Runden spielen. Gewonnen hat dann das Kind, das am Ende die meisten Punkte hat.

Farben-Fühler

Die Kinder bringen Gegenstände mit, die eine eindeutige Farbe haben: Kartoffel, ein Blatt Papier, eine Zitrone, ein Blatt vom Baum, Kirschen, eine Orange usw.
Eine gerade Anzahl an Gegenständen wird in eine undurchsichtige Plastiktüte gelegt. Im Stuhlkreis werden zwei Mannschaften gebildet. Abwechselnd darf immer ein Kind aus einer Mannschaft in die Tüte greifen, einen Gegenstand ertasten und dann sagen, welcher Gegenstand es ist und welche Farbe dieser Gegenstand hat.
Für das richtige Erraten von Gegenstand und Farbe gibt es je einen Punkt. Der Gegenstand wird aus der Tüte genommen. Wenn alle Gegenstände erraten worden sind, hat die Mannschaft mit den meisten Punkten gewonnen.

Farben-Merker

Es werden zwei Mannschaften (A und B) mit je 2–4 Kindern gebildet, die den Klassenraum verlassen. Der erste Spieler von A wird in den Klassenraum geholt, wobei ihm die Augen von einem unbeteiligten Kind zugehalten werden.
Die restlichen Kinder im Klassenraum stellen ihm drei Farb-Fragen, z. B.: Welche Farbe hat der Pullover von Tom? Welche Farbe hat die Klassenzimmerdecke? Welche Farbe hat unser Mathebuch? Welche Farbe hat deine Hose?
Für jede richtig beantwortete Frage gibt es einen Punkt. Danach wird der erste Spieler von B hereingeholt usw.
Wenn alle Kinder von A und B an der Reihe waren, werden die Punkte für jede Mannschaft addiert. Die Mannschaft mit den meisten Punkten hat gewonnen.

Farben-Suchsel

1. Findest du die Grund- und Mischfarben, die unbunten und weiteren Farben sowie die Malmaterialien im Suchsel? Kreise sie mit Bleistift im Suchsel ein.
Tipp: Suche die Anfangsbuchstaben im Suchsel und lese von da aus in alle Richtungen: oben, unten, links, rechts, diagonal.

R	W	A	S	S	E	R	L	I	G	X	R	M	M	O
E	H	K	Z	G	L	C	V	E	D	R	U	V	R	G
H	W	E	I	ß	W	N	S	Q	S	B	P	A	Z	D
C	N	Y	O	G	G	B	G	C	O	N	N	W	Z	E
E	B	V	I	O	L	E	T	T	H	G	I	N	I	C
B	U	R	P	N	L	D	F	P	E	W	E	P	R	K
H	B	A	A	B	T	L	P	M	T	T	A	E	X	W
B	L	A	R	U	L	O	N	O	S	E	I	R	S	E
U	G	T	X	G	N	G	R	A	X	P	C	A	Z	I
X	S	R	J	T	U	A	K	D	A	L	Y	C	Q	E
J	X	D	A	W	P	B	O	P	O	K	Z	S	C	ß
B	G	O	B	O	R	E	B	L	I	S	T	D	K	V
L	L	X	O	A	A	F	R	K	F	N	E	T	X	O
A	J	V	F	G	E	T	N	Ü	R	G	B	S	Q	C
U	F	U	A	H	S	Z	K	N	H	B	Z	L	Q	R

2. Trage die 18 Wörter richtig ein:

a) die drei Grundfarben: ____________________

b) die drei Mischfarben: ____________________

c) die drei unbunten Farben: ____________________

d) drei weitere Farben: ____________________

e) die sechs Malmaterialien: ____________________

____

Farben-Suchsel – Lösung

R	W	A	S	S	E	R	L	I	G	X	R	M	M	O
E	H	K	Z	G	L	C	V	E	D	R	U	V	R	G
H	W	E	I	ß	W	N	S	Q	S	B	P	A	Z	D
C	N	Y	O	G	G	B	G	C	O	N	N	W	Z	E
E	B	V	I	O	L	E	T	T	H	G	I	N	I	C
B	U	R	P	N	L	D	F	P	E	W	E	P	R	K
H	B	A	A	B	T	L	P	M	T	T	A	E	X	W
B	L	A	R	U	L	O	N	O	S	E	I	R	S	E
U	G	T	X	G	N	G	R	A	X	P	C	A	Z	I
X	S	R	J	T	U	A	K	D	A	L	Y	C	Q	ß
J	X	D	A	W	P	B	O	P	O	K	Z	S	C	E
B	G	O	B	O	R	E	B	L	I	S	T	D	K	V
L	L	X	O	A	A	F	R	K	F	N	E	T	X	O
A	J	V	F	G	E	T	N	Ü	R	G	B	S	Q	C
U	F	U	A	H	S	Z	K	N	H	B	Z	L	Q	R

Die Lösungswörter lauten:

a) die drei Grundfarben: **Rot, Blau, Gelb**

b) die drei Mischfarben: **Orange, Grün, Violett**

c) die drei unbunten Farben: **Schwarz, Weiß, Grau**

d) drei weitere Farben: **Braun, Gold, Silber**

e) die sechs Malmaterialien: **Farbkasten, Pinsel, Becher, Deckweiß, Papier, Wasser**

Name: ____________________ (Evtl. doppelseitig mit S. 65 auf DIN A3 kopieren.)

Generalprobe: Der Farbkasten-Führerschein (1)

1. Welche Materialien brauchst du zum Malen mit Wasserfarbe? Kreuze an.

☐ Farbkasten ☐ Becher ☐ Buntstifte ☐ Wasser ☐ Anspitzer ☐ Pinsel ☐ Papier

2. Beschrifte den Farbkasten. Dein Farbkasten und diese Wörter helfen dir:

Pinsel, Deckweiß, Deckel zum Mischen von Farben, Orange, Schwarz, Violett

3. Wie gehst du mit Becher und Pinsel um? Kreuze die richtige Lösung an.

a) ☐ Fülle den Becher mit etwas Wasser.

☐ Fülle den Becher mit viel Wasser.

b) ☐ Streiche den Pinsel stets am Farbkasten-deckel ab.

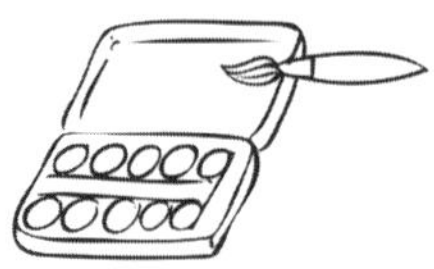

☐ Streiche den Pinsel stets am Rand des Bechers ab.

c) ☐ Lege den Pinsel stets auf den Farbkastendeckel, wenn du ihn nicht brauchst.

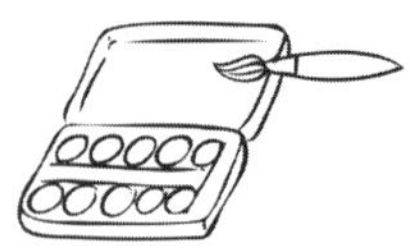

☐ Stelle den Pinsel stets in den Becher, wenn du ihn nicht brauchst.

d) ☐ Wasche den Pinsel nach dem Malen nie mit Wasser aus.

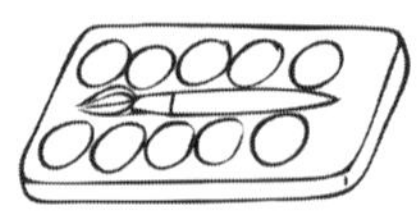

☐ Wasche den Pinsel nach dem Malen unter laufendem Wasser aus.

4. Wie heißen die drei Grundfarben (= Primärfarben)? Kreuze an.

☐ Gelb ☐ Schwarz ☐ Rot ☐ Weiß ☐ Blau

5. Wenn man jeweils zwei Grundfarben mischt, entstehen die drei Mischfarben (= Sekundärfarben). Kreuze die drei Mischfarben an. Schreibe dann auf, aus welchen zwei Grundfarben diese Mischfarben entstehen.

☐ Grün = ____________________ + ____________________

☐ Schwarz = ____________________ + ____________________

☐ Orange = ____________________ + ____________________

☐ Weiß = ____________________ + ____________________

☐ Violett = ____________________ + ____________________

Name: ______________________________

Generalprobe: Der Farbkasten-Führerschein (2)

6. Wie heißen die zwei „unbunten Farben“? Kreuze an.

☐ Grün ☐ Schwarz ☐ Orange ☐ Weiß ☐ Violett

7. Wie kannst du Farben aufhellen oder trüben? Schreibe auf.

____

8. Male den Farbkreis richtig an. Benutze dafür einen roten, gelben und blauen Buntstift. Mische dann die weiteren Farben mit diesen drei Grundfarben.

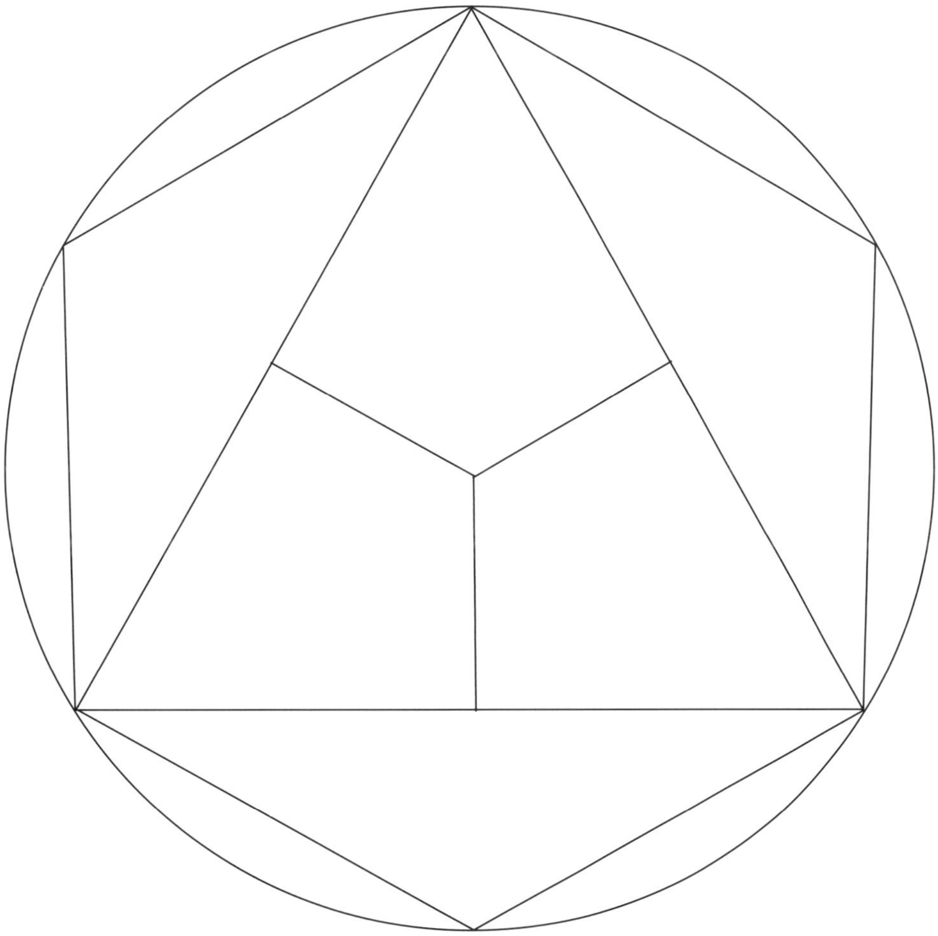

9. Setze das fehlende Wort ein und kreuze an:

- Farben, die sich im Farbkreis gegenüber liegen, heißen ______________________.
- Kalte Farben liegen auf dieser Seite des Farbkreises: ☐ rechts ☐ links
- Warme Farben liegen auf dieser Seite des Farbkreises: ☐ rechts ☐ links
- Beim Malen mit dem Farbkasten ist oft wichtig: ☐ viel Wasser, wenig Farbe ☐ wenig Wasser, viel Farbe

Tipps: ______________________________

____

____

(Lösung siehe S. 10–11)

Name: ______________________ (Evtl. doppelseitig mit S. 67 auf DIN A3 kopieren.)

Prüfung: Der Farbkasten-Führerschein (1)

1. Wie heißen die drei Grundfarben (= Primärfarben)? Kreuze an.

   ☐ Gelb ☐ Schwarz ☐ Rot ☐ Weiß ☐ Blau

2. Wenn man jeweils zwei Grundfarben mischt, entstehen die drei Mischfarben (= Sekundärfarben). Kreuze die drei Mischfarben an. Schreibe dann auf, aus welchen zwei Grundfarben diese Mischfarben entstehen.

   ☐ Grün = ______________ + ______________

   ☐ Schwarz = ______________ + ______________

   ☐ Orange = ______________ + ______________

   ☐ Weiß = ______________ + ______________

   ☐ Violett = ______________ + ______________

3. Wie heißen die zwei „unbunten Farben"? Kreuze an.

   ☐ Grün ☐ Schwarz ☐ Orange ☐ Weiß ☐ Violett

4. Male den Farbkreis richtig an. Benutze dafür einen roten, gelben und blauen Buntstift. Mische dann die weiteren Farben mit diesen drei Grundfarben.

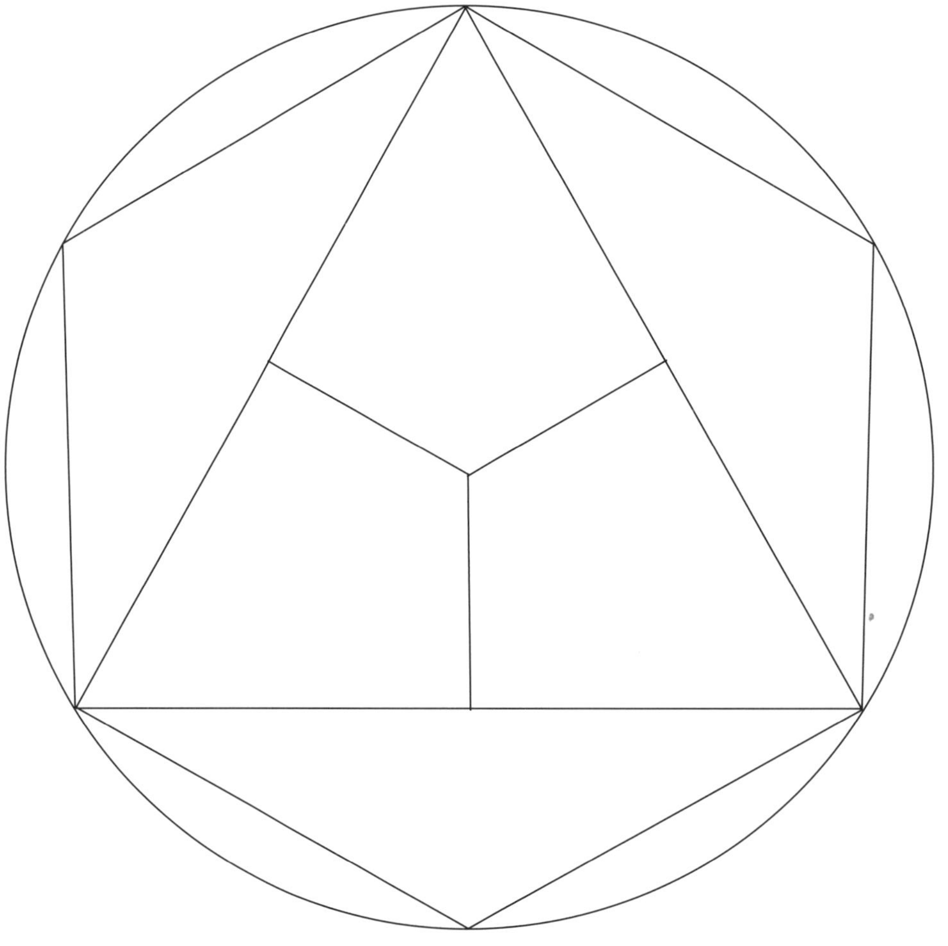

5. Wie kannst du Farben aufhellen oder trüben? Schreibe auf.

____

Name: ____________________________

Prüfung: Der Farbkasten-Führerschein (2)

6. Setze das fehlende Wort ein und kreuze an:
   - Farben, die sich im Farbkreis gegenüber liegen, heißen ____________________.
   - Kalte Farben liegen auf dieser Seite des Farbkreises: ☐ rechts ☐ links
   - Warme Farben liegen auf dieser Seite des Farbkreises: ☐ rechts ☐ links
   - Beim Malen mit dem Farbkasten ist oft wichtig: ☐ viel Wasser, wenig Farbe ☐ wenig Wasser, viel Farbe

7. Welche Materialien brauchst du zum Malen mit Wasserfarbe? Kreuze an.

   ☐ Farbkasten ☐ Becher ☐ Buntstifte ☐ Wasser ☐ Anspitzer ☐ Pinsel ☐ Papier

8. Wie gehst du mit Becher und Pinsel um? Kreuze die richtige Lösung an.

a) ☐ Fülle den Becher mit etwas Wasser.

☐ Fülle den Becher mit viel Wasser.

b) ☐ Streiche den Pinsel stets am Farbkastendeckel ab.

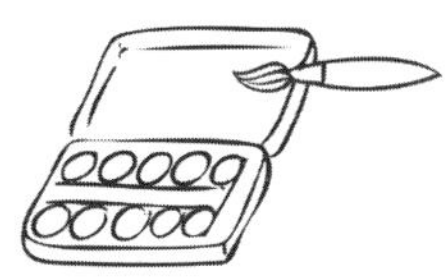

☐ Streiche den Pinsel stets am Rand des Bechers ab.

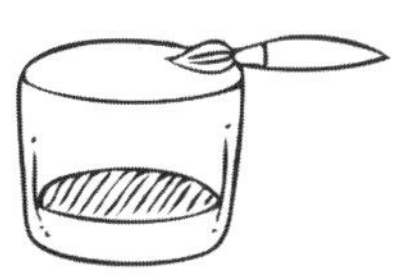

c) ☐ Lege den Pinsel stets auf den Farbkastendeckel, wenn du ihn nicht brauchst.

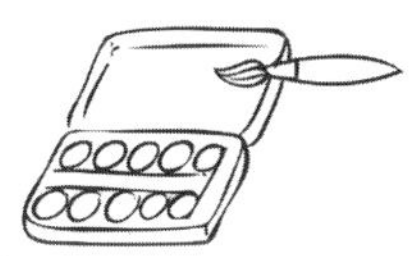

☐ Stelle den Pinsel stets in den Becher, wenn du ihn nicht brauchst.

d) ☐ Wasche den Pinsel nach dem Malen nie mit Wasser aus.

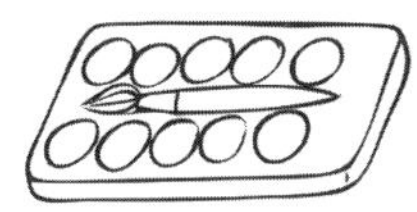

☐ Wasche den Pinsel nach dem Malen unter laufendem Wasser aus.

9. Beschrifte den Farbkasten. Dein Farbkasten und diese Wörter helfen dir:

   Pinsel, Deckweiß, Deckel zum Mischen von Farben, Orange, Schwarz, Violett

Du hast die Prüfung ☐ gut bestanden. ☐ bestanden. ☐ noch nicht bestanden.

Datum, Unterschrift: ____________________________

Urkunde

für

Du kannst gut mit Farbkasten, Becher und Pinsel umgehen.
Du kennst die Grundfarben und die Mischfarben und weißt,
wie man sie mischen kann.
Toll!

Ort, Datum

Unterschrift

Lösungen zu den Rätsel-Ausmalbildern und Detektiv-Bildern

Farbe	Rätsel-Ausmalbild	Detektiv-Bild
Rot S. 14	Feuerwehrauto und Flammen	**nicht rot:** Wolke, Maus, Baum **rot:** Kirschen, Mund, rote Ampel, Tomate, Erdbeere, Marienkäfer
Gelb S. 16	Sonnenblume	**nicht gelb:** Gespenst, Schwan **gelb:** Zitrone, Sonne, Banane, Tennisball, Küken, Narzisse, Sonnenblume
Blau S. 18	Himmel	**nicht blau:** Schneemann, Messer, Käse, Krone **blau:** Meer, Tintenfass, Weintrauben, Polizeiwagen, Himmel
Grün S. 22	Frosch auf Blatt	**nicht grün:** Herz **grün:** Kaktus, Baum, Blatt, Tischtennisplatte, Birne, Salat, Krokodil, Tafel
Orange S. 24	Hase mit Möhren	**nicht orange:** Elefant, Erdbeere, Gabel **orange:** Tiger, Basketball, Möhre, Kürbis, Feuer, Orange
Violett S. 26	Pflaumenbaum	**nicht violett:** Lamm, Krokodil, Tennisball, Banane, Küken **violett:** Pflaume, Aubergine, Flieder, Veilchen
Braun S. 28	Teddybär	**nicht braun:** Möhre **braun:** Nuss, Löwe, Flöte, Schokolade, Bär, Baumstumpf, Brot, Gitarre
Silber S. 30	Roboter	**nicht silber:** Baum, Kaktus **silber:** Messer, Gabel, CD, Handschellen, Schere, Löffel, Nadel
Gold S. 32	Pokal	**nicht gold:** Ball, Boot, Schnecke, Pferd, Gespenst **gold:** Medaille, Krone, Schatzkiste, Goldbarren
Schwarz S. 34	Nacht	**nicht schwarz:** Tafel, Handschellen, Elefant, Birne **schwarz:** Richter, Lakritzschnecke, Panter, Rabe, Schornsteinfeger
Weiß S. 36	Gespenst	**nicht weiß:** Schere, Kirschen, Veilchen **weiß:** Schwan, Totenkopf, Arzt, Schneemann, Wolken, Lamm
Grau S. 38	Maus	**nicht grau:** Banane, Mund **grau:** Nashorn, Wolf, Elefant, Opas Haar, Delfin, Qualm, Maus

Klassenliste

Name	Farben und Maltechniken	General-probe	Prüfung

Besser mit Brigg Pädagogik!

Viele neue Kreativ-Ideen für gelungene Kunststunden!

Petra Suthold

Miró Werkstatt

18 kreative Lernangebote für Kinder ab Klasse 1

88 S., DIN A4, farbig,
mit Kopiervorlagen
Best.-Nr. 612

Dieser praxiserprobte Band liefert das **nötige Hintergrundwissen** zum Künstler Joan Miró und die Bedeutung seiner Werke für Kinder. Nach der ausführlichen Erläuterung der Werkstattkonzeption folgt eine Übersicht über die **18 verschiedenen Werkstattaufträge**, die sich den Bereichen Erkunden, Malen und Zeichnen wie Miró, Bauen und Formen, Gestalten sowie Ausdenken zuordnen lassen. Die Aufträge werden in drei Schwierigkeitsstufen differenziert.

Sabine Teibach

Franz Marc auf der Spur

Künstlerische Impulse für eigenes kreatives Gestalten

ab Klasse 3

64 S., DIN A4, farbig,
mit Kopiervorlagen
Best.-Nr. 817

Der Band liefert Ihnen **13 ausgearbeitete Unterrichtssequenzen** mit theoretischen Hintergründen, Schritt-für-Schritt-Anleitungen und Kopiervorlagen. Die Kinder begeben sich auf die Suche nach den **Besonderheiten in Franz Marcs Werken** und erkunden seinen Malstil.

Weitere Infos, Leseproben und Inhaltsverzeichnisse unter
www.brigg-paedagogik.de

Susanne Sieben-Pröschel

Kinder erleben Kunst

Originelle Zugänge zu berühmten Meisterwerken von der Renaissance bis zur Moderne

ab 3./4. Klasse

72 S., DIN A4,
mit Kopiervorlagen
Best.-Nr. 658

Dieser Band liefert Ihnen völlig neue und abwechslungsreiche Unterrichtsideen für außergewöhnliche Kunststunden. Auf **betont handlungsorientierte und kindgerechte Weise** werden den Schülern auch anspruchsvollere Meisterwerke zugänglich gemacht. Vorschläge für einen spannenden Museumsbesuch finden sich in dem Band ebenso wie **geheimnisvolle Spurensuche** in berühmten Bildern.

Norbert Koenen

Gestalten mit Ton

Töpfern mit Halbkugeln, Kugeln, Zylinder und Platten

64 S., DIN A4, farbig,
Ideen für die Praxis
Best.-Nr. 896

Unerschöpfliche Gestaltungsmöglichkeiten für geübte und weniger geübte Kinderhände! Mit keinem Werkstoff lassen sich Einfälle, Ideen und Fantasievorstellungen so schnell und direkt mit den eigenen Händen verwirklichen wie mit Ton. Der Umgang damit hilft, handwerkliches Geschick zu entwickeln. Bereits Geschaffenes lässt sich einfach korrigieren, was die Motivation erhöht. Dieser neue Kreativband liefert **zahlreiche Gestaltungsideen für die Grundschule und Sekundarstufe 1**.

Bestellcoupon

Ja, bitte senden Sie mir / uns mit Rechnung

_____Expl. Best.-Nr. ____________________

_____Expl. Best.-Nr. ____________________

_____Expl. Best.-Nr. ____________________

_____Expl. Best.-Nr. ____________________

Meine Anschrift lautet:

Name / Vorname

Straße

PLZ / Ort

E-Mail

Datum/Unterschrift Telefon (für Rückfragen)

Bitte kopieren und einsenden/faxen an:

Brigg Pädagogik Verlag GmbH
zu Hd. Herrn Franz-Josef Büchler
Zusamstr. 5
86165 Augsburg

☐ Ja, bitte schicken Sie mir Ihren Gesamtkatalog zu.

Bequem bestellen per Telefon / Fax:
Tel.: 0821 / 45 54 94-17
Fax: 0821 / 45 54 94-19
Online: www.brigg-paedagogik.de